우르두어 입문

산지브 사라프(Sanjiv Saraf) 지음
이 춘 호 편역

지식과교양

서문

안녕하세요.

우르두어를 배우기 위한 아름다운 여정에 동참하신 것을 환영합니다.

본 책은 저명한 우르두어 학자들과 선생님들의 지도하에 세심하게 제작되었습니다. 이 책을 가지고 쉽게 배우면서도 효율성을 확실히 다지고, 최신 언어로 간결함과 관련성을 유지하는 동시에 학습 내용은 어린 학생들과 우르두어 초보자들의 수준에 맞추어 제작되었습니다.

본 책을 통해 학생들은 방법론적으로는 난이도가 낮은 곳에서 높은 곳으로 우르두어 문자의 가장 기본적인 지식을 습득할 수 있을 것입니다. 또한 본 책을 통해 학생들은 우르두어로 쓰인 간단한 단어에서부터 완결된 문단까지 읽는 방법을 습득할 수 있을 것입니다. 그러나 우리는 본 책을 시작하기 전에, 아래와 같은 점을 기억해야 합니다.

1. 본 책의 과정은 처음부터, 단어 실력의 빠른 향상을 위해 특별히 고안된 순서에 맞게 배열되었습니다.
2. 이것 때문에 때때로 전통적인 우르두어 알파벳 순서를 따르지 않았습니다. 그러므로 최대한의 학습 효과를 위해, 특별히 본 책에 전개된 과의 순서대로 학습하기를 권장합니다.

준비되셨나요? 자, 그럼 시작해 봅시다!

차례

우르두어 입문

우르두어 문자

우르두어는 언어가 할 수 있는 한, 가장 다양하고 많은 것을 포함하고 있는 언어 중 하나이다. 다른 어떤 언어도 우르두어만큼 다양한 색채를 가지고 있지 않다. 우르두어가 지닌 매력은 국경과 세대를 초월하여 깊고, 감정을 자극하는 표현을 하고자 하는 이들에게 적합하다.

우르두어에 대해 마하트마 간디는 아래와 같이 말하였다.

> "나는 우르두어가 인도에서 태어났고, 인도의 언어라는 것에 자부심을 갖는다"

인도에서 우르두어는 인도 헌법이 인정한 22개 공용어 중 하나이다.

우르두어와 힌디는 진정한 의미에서 자매어인데, 동일한 단어를 70% 공유하고 있다. 페르시아어와 아랍어에서 유입된 단어들이 나머지 30%를 구성하면서, 우르두어에 풍부함을 더해 주고 있다. 실제 우르두어 동사의 99%는 그 근원을 산스크리트와 프라크리트에 두고 있다.

우르두어 문자는 페르시아어 알파벳의 연장인데, 그것 자체는 아랍어 알파벳의 연장이기도 하다. 우르두어 서체로는 아름답고 유려한 페르시아어 서체 중 하나인 나스탈릭(Nasta'liq)체가 사용되었다.

이 문자의 몇몇 객관적 특징에 대해 살펴보자.

주요 특징

왼쪽에서 오른쪽으로 쓰는 힌디나 영어와는 달리 우르두어는 오른쪽에서 왼쪽으로 쓴다.

우르두어 문자는 필기체이다. 우르두어 문자는 몇 개를 제외하고는 단어에서 자신의 뒤에 오는 단어와 결합한다. 뒤에 오는 문자와 결합하기 위해, 자신의 원래 형태는 약간 변형된다. 이러한 규칙의 이해를 돕기 위해, 이 책을 배우는 내내 자세하고 이해하기 좋게 단어나 문자를 나눠 놓았다.

우르두어 문자는 문자 그룹끼리 기본형을 공유하는데, '누끄따'라 불리는 점의 개수와 기호에 따라 문자가 달라진다. 점의 개수와 위치는 문자 기본형의 위나 아래에 놓여, 해당 문자의 발음을 결정한다.

위치

맨 앞 : "bat"의 'b'처럼 단어의 맨 앞에 올 때

중간 : "about"의 'b'처럼 단어의 중간이나 단어의 처음과 마지막 문자 사이에 올 때

마지막 : "tub"의 'b'처럼 단어의 마지막에 올 때

단독 : 문자가 다른 문자와 결합되지 않을 때

우르두어 알파벳에서 어떤 문자는 힌디나 영어에는 존재하지 않는 발음이 있다. 이러한 문자의 발음과 사용, 그리고 이것들이 사용된 단어들에 대한 설명은 관련된 과에서 자세히 다룰 것이다.

본 책에 명시된 발음 표기를 위해 국제음성기호(IPA : International Phonetic Alphabet)를 참고할 수 있다.

Unit 1

'alif'

도입

우르두어 알파벳 첫 글자인 '알리프'에 대해 살펴보자.

ا

alif

अलिफ़

알리프는 활용도가 높은 문자이다. 알리프는 다른 모음 소리를 표시하기 위해 몇 가지 다른 방식으로 사용된다. 기본적인 것부터 시작하자.

1.1 '알리프'

알리프는 항상 모음으로 사용된다. 알리프는 단모음뿐 아니라 장모음으로도 사용된다. 먼저 장모음 'aa'로서의 알리프를 살펴보자.

1.2 'alif madd'

알리프는 영어 "army", "art" 혹은 힌디 /우르두어 "आप", "आगे"에서처럼 장모음 'aa' (आ) 발음을 한다.

알리프 마드는 알리프 위에 '마드'라 불리는 기호를 첨가함으로써 만들어진다.

Above: The ***madd*** symbol.

[중요]

장모음 'aa' 소리를 내기 위해, 마드는 알리프가 단어의 맨 처음에 올 때만 사용된다. 그러나 알리프가 단어의 중간이나 마지막에 올 때, 그것은 항상 'aa' 소리를 내나 마드는 사용되지 않는다.

첫 번째 과를 마치었다. 다시 한번, '알리프'는 활용도가 매우 높은 문자이고 우리가 이미 보았던 두 개 이외에 몇몇의 다른 소리를 내기 위해 사용된다는 점을 기억하자. 여기서는 'aa'만 기억하고 다음 과에서는 첫 번째 자음을 학습할 것이다.

Unit 2

'be' 그룹

도입

이 과에서는 우르두어 알파벳의 첫 번째 자음 그룹인 'be' 그룹에 대해 살펴볼 것이다. 'be' 그룹에 속한 모든 문자들은 아래에서 보듯이 비슷한 형태를 취한다. 읽는 방향은 오른쪽에서 왼쪽임을 기억하라.

ث	ٹ	ت	پ	ب
se	*Te*	*te*	*pe*	*be*
से	टे	ते	पे	बे

문자는 문자의 위나 아래에 붙는 누끄떼(nuqte)라 불리는 점의 수와 위치에 따라 달라진다. 예를 들어, 'pe'와 'se'의 경우 아래에서 보는 것처럼 점의 수는 같으나 위치에 따라 달라진다.

다음 과에서는 조금 더 자세히 각 문자들을 살펴보자.

2.1 'be' 그룹 문자들

'be'이외에 'be' 그룹 문자들을 더 깊게 살펴보자.

ث	ٹ	ت	پ	ب
se	*Te*	*te*	*pe*	*be*
से	टे	ते	पे	बे

2.1.1 'be'

'be'의 'b'는 영어 "bat", "table", "cab" 혹은 힌디 /우르두어 "बल्ला", "अबला", "किताब"의 'b' (ब)처럼 발음한다.

2.1.2 'pe'

'pe'의 'p'는 영어 "parrot", "tape", "cap" 혹은 힌디 /우르두어 "पतला", "अपना", "आप"의 'p' (प)처럼 발음한다.

2.1.3 'te'

'te'의 't'는 힌디 /우르두어 "तबला", "पतला", "रात"의 약한 't' (त)처럼 발음한다.

2.1.4 'Te'

'Te'의 'T'는 영어 "table", "gate", "mat" 혹은 힌디 /우르두어 "टख़ना", "घटना", "घाट"의 'T'(ट)처럼 발음한다.

2.1.5 'se'

'se'의 's'는 영어 "single", "sizzle", "bus" 혹은 힌디 /우르두어 "साबित", "मरसिया", "वारिस"의 's' (स)처럼 발음한다.

이렇게 다섯 개 새로운 문자들을 학습하였다. 이제 첫 번째 우르두어 단어를 배워보자.

2.2 '단어 형성 – I'

'be' 그룹 문자와 알리프가 들어가 있는 몇몇 단어를 살펴보자. 먼저 알리프로 시작하는 단어를 살펴보자.

"당신"을 의미하는 'aap'이라는 단어를 살펴보자.

aap
आप

이 단어는 알리프 마드와 그 뒤에 'pe'를 사용하여 간단히 쓸 수 있다. 아래는 이 단어를 나눠 놓은 것이다. 다시 한번, 문자는 오른쪽에서 왼쪽으로 읽는 것을 잊지 말자.

آپ = پ + آ

aap pe alif madd

आप पे अलिफ़ मद

비슷하게, "물(水)"을 의미하는 'aab'이라는 단어를 살펴보자. 이 단어도 알리프 마드와 'be'를 사용해 만든다.

آب = ب + آ

aab be alif madd

आब बे अलिफ़ मद

간단하지 않은가? 우르두어로 첫 번째 단어를 만드는 법을 보았다.

2.3 '문자 위치와 종류'

2.3.1 문자 - 위치

지금까지 문자와 위치 그리고 그것들이 문자 형태에 미치는 영향에 대해 살펴보았다. 이것들은 간단한 규칙들이라 이해하기 쉬울 것이다.

아래는 이러한 위치가 무엇인지에 대한 이해를 돕기 위해 영어를 사용해 유사성을 살펴보았다.

위치

맨 앞 : "bat"의 'b'처럼 단어의 맨 앞에 올 때

중간 : "about"의 'b'처럼 단어의 중간이나 단어의 처음과 마지막 문자 사이에 올 때

마지막 : "tub"의 'b'처럼 단어의 마지막에 올 때

단독 : 문자가 다른 문자와 결합되지 않을 때

지금까지 우리는 알리프와 'be' 그룹 문자로 구성된 단어를 살펴보았는데 모든 단어들은 맨 처음이 알리프로 시작된 것이었다. 여기서는 순서를 반대로 하여 그렇지 않은 것들을 살펴보자.

예를 들어, "baa" (बा)라고 하는 단어가 어떻게 쓰였는지 살펴보자.

baa

बा

무엇인가 다른 점이 보이는가? "baa"라는 단어를 나눠 보면 아래와 같다.

با	=	ا	+	ب
baa		*alif*		*be*
बा		अलिफ़		बे

그러나 왜 "baa"라는 단어 안에 있는 'be'는 단축형을 취하고 있는

가? 여기서 우리는 우르두어 문자의 중요한 규칙을 알 수 있다.

2.3.2 '연결과 비연결'

이 과를 처음 시작했을 때 우르두어 문자는 흘려 쓰는 글씨체라고 언급한 것을 기억할 수 있을 것이다. 이것이 의미하는 것은 우르두어로 글자를 쓸 때 어떤 단어에서, 한 문자는 이어지는 다음 문자와 결합하거나 연결되는 경향이 있다는 것이다. 이것은 결합 시에 문자의 모양이 변하고 단축형을 취하는 것을 의미한다.

우리는 이미 이러한 종류의 문자를 배웠다. 알리프는 다른 문자와 연결되지 않고 단독으로만 쓰이는 문자이고, 'be' 그룹에 있는 모든 문자들은 다른 문자들과 연결해 사용한다.

지금까지 연결 문자, 비연결 문자 그리고 위치에 대해 배웠다. 다음 과에서는 'be' 그룹 문자의 단축형에 대해 배워 보자.

2.4 '단축형 : 'be' 그룹'

'be' 그룹의 문자들은 그것들 뒤에 오는 문자들에 따라 다른 단축형을 취한다. 이 점을 좀 더 명확히 하기 위해, 'be' 그룹 문자들을 다시 한 번 확인해 보자.

ث	ٹ	ت	پ	ب
se	*Te*	*te*	*pe*	*be*
से	टे	ते	पे	बे

2.4.1 '알리프와 함께 단어 맨 앞에 올 때'

전에 배운 "baa" (बा)라는 단어를 기억하는가?

'be' 그룹 문자가 단어 맨 앞에 올 때, 그것들은 알리프와 결합하면서 다음과 같은 단축형을 취한다.

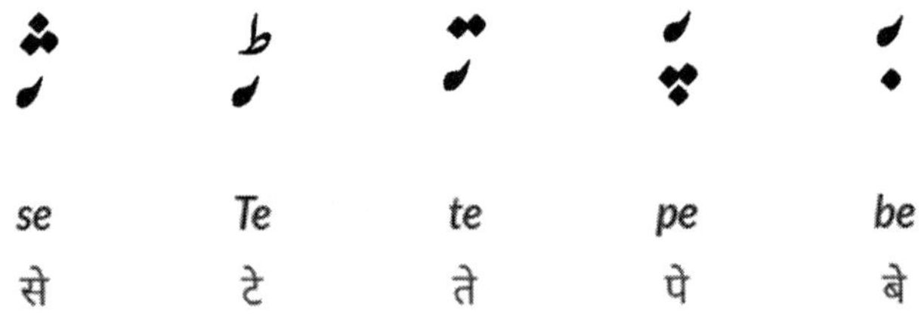

이 점을 좀 더 명확히 하기 위해 'be'와 단축형을 아래에서 비교해 보자.

Full form	=	Short form
ب		بـ
be		be
बे		बे

그러므로 전에 보았던 '"baa"라는 단어를 나눠 보면 아래와 같다.

با	=	ا	+	ب
baa		*alif*		*be*
बा		अलिफ़		बे

기본적으로는 다음과 같이 표기한다.

با	=	ا	+	بـ
baa		*alif*		*be*
बा		अलिफ़		बे

[중요]

어떤 문자의 단축형은 기본적으로 동일한 수의 점을 유지한 채, 원래 모양을 단축하거나 압축한 것이다. 단축형 위나 아래에 붙는 점의 숫자나 위치는 변하지 않는다.

몇몇 새로운 단어를 배우러 다음 과로 넘어가자.

2.5 '단어 형성 – II'

"baa"라는 단어를 좀 더 발전시켜 "아버지/어르신"의 의미를 가진 "baabaa"라는 단어를 살펴보자.

baabaa

बाबा

"baabaa"라는 단어에서 두 번째 'baa'가 어떻게 쓰였는지 보았는가?

[중요]

우리는 알리프가 단독으로 쓰이는 것을 알고 있다. 그러므로 알리프는 뒤이어 오는 'be' 그룹 문자들과 결합하지 않는다.

"baabaa"라는 단어에서 두 번째 'be'는 문자 중앙에 있다. 그러나 그것에 선행하는 문자와 결합하지 않았다. 그러므로 그것은 단어 앞에 올 때 취하는 단축형을 취했다. 이 규칙은 기본이나 중요한 규칙임을 기억하라.

마지막으로, 이 점을 좀 더 명확히 하기 위해 "baabaa"라는 단어를 아래에 나눠 놓았다.

بابا	=	ا	+	ب	+	ا	+	ب
baabaa		***alif***		***be***		***alif***		***be***
बाबा		अलिफ़		बे		अलिफ़		बे

비슷한 예로, "아버지"를 의미하는 'paapaa'라는 단어를 아래에 나눠 놓았다.

پاپا	=	ا	+	پ	+	ا	+	پ
paapaa		*alif*		*pe*		*alif*		*pe*
पापा		अलिफ़		पे		अलिफ़		पे

동일한 맥락으로, "언니"를 뜻하는 단어 "aapaa"를 아래에 나눠 놓았다.

آپا	=	ا	+	پ	+	آ
aapaa		*alif*		*pe*		*alif madd*
आपा		अलिफ़		पे		अलिफ़ मद

"아버지"라는 의미의 "baap"을 아래에 나눠 놓았다.

باپ	=	پ	+	ا	+	ب
baap		*pe*		*ailf*		*be*
बाप		पे		अलिफ़		बे

다시 한번, 위 "baap"이라는 단어에서 마지막에 온 'pe'에 주목하라. 형태가 변하지 않았다. "더위/온화함"을 의미하는 "taap"을 아래에 나눠 놓았다.

تاپ = پ + ا + ت

taap	pe	alif	te
ताप	पे	अलिफ़	ते

2.5.1 몇몇 추가 단어들

이제 여러분은 기본에 어느 정도 익숙해졌을 것이다. 아래에 지금까지 배워 왔던 문자를 사용해 만든 몇 개의 추가 단어들이 있다.

تاب	پاٹ	پات	باٹ
taab	paaT	paat	baaT
ताब	पाट	पात	बाट

آتا	ٹاٹا	باٹا	ٹاٹ
aataa	TaaTaa	baaTaa	TaaT
आता	टाटा	बाटा	टाट

بابا

baabaa

बाबा

Unit 3

‘do chashmii he’

대기음(帶氣音)

‘bh’ (भ), ‘ph’ (फ)와 같은 대기음들은, ‘be’ 그룹 안의 다른 문자들처럼 다른 자음과 함께 ‘도 짜쉬미 헤’로 알려진 문자를 사용해 만든다.

ھ

do chashmi he

दो चश्मी हे

흥미

우르두어로 “눈(目)”을 뜻하는 단어는 “chashm”이다. 이 문자는 두 개의 눈을 가진 것처럼 보여 ‘도 짜쉬미 헤’라는 이름이 붙었다.

이 과에서 우리는 ‘도 짜쉬미 헤’가 ‘be’ 그룹의 다른 문자들과 결합해 어떻게 독특한 4개의 대기음 문자를 형성하는지 살펴볼 것이다. 후에 ‘도 짜쉬미 헤’는 이것과 다른 자음들과의 활용을 살펴볼 때, 반복적으로 등장할 것이다.

'도 짜쉬미 헤'가 사용된 대부분의 문자들은 그에 상응하는 영어 음가가 없다. 그러므로, 힌디 /우르두어 단어들은 다음 페이지에서 이런 소리들을 설명하기 위해 사용되었다.

3.1 'be' 그룹 문자들

'bh' (भ) 소리를 내기 위해 '도 짜쉬미 헤'가 'be'와 어떻게 연결되었는지 살펴보자.

= +

bh *do chashmii he* *be*

भ दो चश्मी हे बे

여기서 주목해야 할, 한 가지 흥미롭고 중요한 점은 'be' 그룹 문자들은 우리가 전에 보았던 것 이외에 다음과 같은 단축형을 취한다는 점이다.

Full form = Short form

be *be*

बे बे

이 점을 좀 더 명확히 하기 위해, 'bh' 문자가 어떻게 쓰이는지 아래에 나눠 놓았다.

بھ = ھ + ب

bh   do chashmii he   be

भ   दो चश्मी हे   बे

'be' 그룹에 속한 다섯 개 문자 가운데 중에 4개, 즉 'be', 'pe', 'te', 'Te'만이 독특한 대기음을 생성하기 위해 '도 짜쉬미 헤'와 결합한다.

이제 조금 더 자세히 각 대기음에 대해 별도로 살펴보겠다.

3.1.1 'bh'

대기음 'bh'는 'be' 문자와 '도 짜쉬미 헤'가 결합해 만들어진다.

'bh' (भ)는 힌디 भरम, भारत, भला처럼 발음한다.

3.1.2 'ph'

대기음 'phe'는 'pe' 문자와 '도 짜쉬미 헤'가 결합해 만들어진다.

'ph' (फ)는 힌디 फूल, फिर처럼 발음한다.

3.1.3 'th'

대기음 'th'는 'te' 문자와 '도 짜쉬미 헤'가 결합해 만들어진다.

'th' (थ)는 힌디 थकना, थाल, साथ처럼 발음한다.

3.1.4 'Th'

대기음 'Th'는 'Te' 문자와 '도 짜쉬미 헤'가 결합해 만들어진다.

'Th' (ठ)는 힌디 ठीक, ठंडा, आठ처럼 발음한다.

'도 짜쉬미 헤'가 어떻게 'be' 그룹 문자들과 결합하는지 살펴보았다. 다음 과에서는 'jiim' 그룹 문자들을 살펴볼 것이다.

3.2 '단어 형성 – III'

3.2.1 알리프와 함께

알리프가 맨 앞에 오는 단어로 시작을 해 보자. 이것을 위해 숫자 '8'을 의미하는 "aaTh" (आठ)를 살펴보자.

آٹھ	=	ٹھ	+	آ
aaTh		*Th*		*alif madd*
आठ		ठ		अलिफ़ मद

간단하지 않은가? 짧게 다른 예를 살펴보자. 다만 이번에는 알리프가 단어의 마지막에 사용된 "thaa" (था)라는 단어를 살펴보자.

تھا	=	ا	+	تھ
thaa		*alif*		*th*
था		अलिफ़		थ

조금 더 나아가, '화려함'을 의미하는 "ThaaTh" (ठाठ)라는 단어를 살펴보자.

ٹھاٹھ = ٹھ + ا + ٹھ

ThaaTh	Th	alif	Th
ठाठ	ठ	अलिफ़	ठ

이번에는 "끓인 쌀"이라는 의미의 "bhaat" (भात)라는 단어를 살펴보자.

بھات = ت + ا + بھ

bhaat	te	alif	bh
भात	ते	अलिफ़	भ

3.2.2 몇몇 추가 단어들

아래에는 배웠던 것을 연습할 수 있는 몇몇 추가 단어들이 있다.

Unit 4

'nuun'

도입

이 과에서 우리는 'nuun'이라는 문자를 배울 것이다. 'nuun'은 우르두어 알파벳에서 다른 어떤 그룹에도 속하지 않는 단일 문자이다.

nuun

नून

[주의]

우르두어 알파벳의 전통적인 순서에 따르면 'nuun'은 상당히 뒤에 나온다. 그러나 여기서는 다음과 같은 이유로 본 과정의 매우 앞부분에 배치시켜 놓았다.

1. 'nuun'은 연결 문자이고 'be' 그룹의 문자들처럼 결합 시 동일한

규칙을 따른다.

2. 'nuun'은 'be' 그룹의 문자들처럼 동일한 단축형을 취한다.
3. 'nuun'을 배움으로써 단어 실력을 크게 향상시킬 수 있다.

4.1. 'nuun'

'nuun'은 영어 "name", "paint", "rain" 혹은 힌디 /우르두어 नाम, रौनक़, कठिन의 'n' (न)처럼 발음한다.

4.2 'nuun Gunna' –모음의 비음화(鼻音化)

'nuun Gunna'는 'nuun' 문자 그 자체의 변형이다. 'nuun Gunna'는 영어 "sang", "ring" 혹은 힌디 /우르두어 "रंग", "पाँच", "कहीँ"의 비음화된 '.n'을 표시하기 위해 사용된다.

'nuun Gunna'는 기본 형태만 있고 문자에 점은 없다.

[중요]

'nuun Gunna'가 단어의 마지막에 올 때에는 단축형이 아닌 원형으로 온다. 예를 들어, "jaa.n" (जाँ), "jahaa.n" (जहाँ)과 같은 경우가 그것이다.

단어의 중간에서 'nuun Gunna'는 'nuun'의 단축형으로 표시된다. 이때 'nuun'의 점 위에 뒤집어진 'V' 형태로 표시된다.

4.3 실제로는 쉬운 문자이다!

이 문자에 대한 설명의 양이 조금 되는 것처럼 보이나 우르두 전체 알파벳 중에서 가장 간단한 문자 중 하나이다. 다음 과에서는 이것을 가지고 어떻게 단어를 형성하는지 알아보자.

4.4 '단어 형성 – IV'

알리프 마드와 'nuun'이 들어가 있는, '위엄/매너/순간'이라는 의미의 "aan" (आन)이라는 단어를 살펴보자.

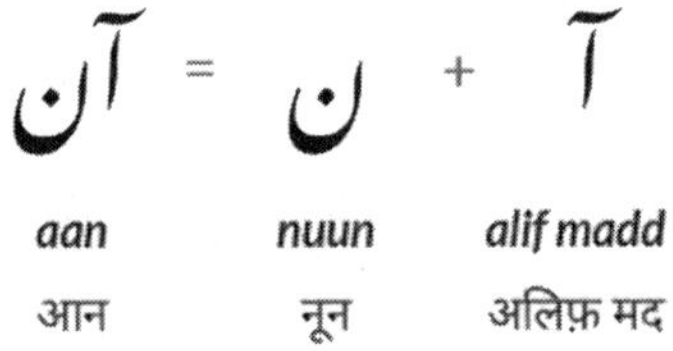

آن	=	ن	+	آ
aan		*nuun*		*alif madd*
आन		नून		अलिफ़ मद

'pe'를 덧붙여 '베텔 잎'이라는 의미의 "paan" (पान)이라는 단어를 만들어 보자.

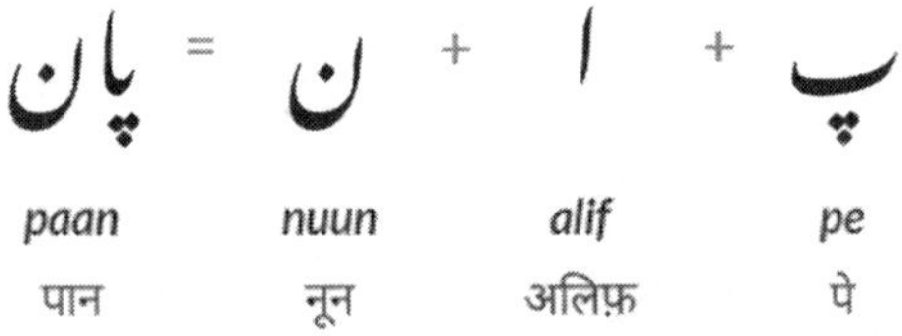

پان	=	ن	+	ا	+	پ
paan		*nuun*		*alif*		*pe*
पान		नून		अलिफ़		पे

이번에는 'nuun Gunna'가 단어의 끝에 오는 단어, "빛나는"이라는 의미의 "taabaa.n" (ताबाँ)이라는 단어를 살펴보도록 하자.

تاباں =	ں +	ا +	ب +	ا +	ت
taabaa.n	*nuun Gunna*	*alif*	*be*	*alif*	*te*
ताबाँ	नून गुन्ना	अलिफ़	बे	अलिफ़	ते

'nuun Gunna'에 따라 발음의 차이를 구별할 수 있었는가?

이제 이러한 기본을 바탕으로 더 흥미로운 것을 만들어 보자. 또 우리가 만들 수 있는 다른 단어들은 무엇이 있는지 살펴보자.

4.5 '단어 형성 – V'

4.5.1 알리프와 함께 단어 맨 앞에서 단축형으로

"아니요"라는 의미의 "naa" (ना)라는 단어를 살펴보자.

naa
ना

이 점을 좀 더 명확히 하기 위해, 아래에 나눠 놓은 것을 보라.

نا =	ا +	ن
naa	*alif*	*nuun*
ना	अलिफ़	नून

'nuun'이 단어 맨 앞에 왔을 때, 단축형에 주목하라.

Full form	=	Short form
ن		ﻧ
nuun		*nuun*
नून		नून

[중요]

어떻게 'nuun'의 원형이 'be'의 단축형과 유사한지 인지하였는가?

Short form		Short form
ﺑ	VS	ﻧ
be		*nuun*
बे		नून

우리는 이 두 문자의 단축형이 동일한 단축형 형태라는 것을 명확히 알 수 있다. 유일한 차이점은 'nuun'의 경우 점이 단축형 위에 있고, 'be'의 경우 아래에 위치한다는 것이다.

"할아버지"를 의미하는 단어 "naanaa" (नाना)를 나눠 보면 아래와 같다.

نانا	=	ا	+	ن	+	ا	+	ن
naanaa		*alif*		*nuun*		*alif*		*nuun*
नाना		अलिफ़		नून		अलिफ़		नून

"측정"이라는 의미의 "naap" (नाप)이라는 단어를 나눠 보면 아래와 같다.

ناپ	=	پ	+	ا	+	ن
naap		*pe*		*alif*		*nuun*
नाप		पे		अलिफ़		नून

4.5.2 'nuun Gunna'가 포함된 단어

'nuun Gunna'가 포함된, 비음화된 소리를 지닌 몇몇 단어들을 살펴보도록 하자. "분배하다"라는 의미의 "baa.nT" (बाँट)라는 단어를 나눠 보면 아래와 같다.

بانٹ

baa.nT

बाँट

[중요]

"baa.nT" (बाँट)라는 단어에서, 전에 언급했던 대로 'nuun Gunna'는 'nuun'의 단축형으로 표시되어 있다. 아래 단어를 읽으면 조금 더 명확해질 것이다.

بانٹ = ٹ + ں + ا + ب

baa.nT	Te	nuun Gunna	alif	be
बाँट	टे	नून गुन्ना	अलिफ़	बे

혹은 단축형을 사용한 예이다.

بانٹ = ٹ + ن + ا + ب

baa.nT	Te	nuun ġunna	alif	be
बाँट	टे	नून गुन्ना	अलिफ़	बे

비슷하게, "배짱"이라는 의미의 "aa.nt" (आँत)라는 단어를 나눠 보면 아래와 같다.

آنت = ت + ں + آ

aa.nt	te	nuun Gunna	alif madd
आँत	ते	नून गुन्ना	अलिफ़ मद

4.5.3 몇몇 추가 단어

전에도 그러했듯 진도를 더 나가기 전에 아래 몇몇 추가 단어들을 학습하자.

تان	بان	ناٹا	ناتا
taan	*baan*	*naaTaa*	*naataa*
तान	बान	नाटा	नाता
آنا	تانا	بانا	تھان
aanaa	*taanaa*	*baanaa*	*thaan*
आना	ताना	बाना	थान
ٹھاننا	ٹھان	تھانا	بھانا
Thaannaa	*Thaan*	*thaanaa*	*bhaanaa*
ठान्ना	ठान	थाना	भाना
بانٹنا	بانٹ	پاٹنا	تاننا
baa.nTnaa	*baa.nT*	*paaTnaa*	*taannaa*
बाँटना	बाँट	पाटना	तान्ना
تاباں	بھانپنا	بھانپ	تانت
taabaa.n	*bhaa.npnaa*	*bhaa.np*	*taa.nt*
ताबाँ	भाँपना	भाँप	ताँत

Unit 5

'jiim' 그룹

도입

이 과에서 우리는 'jiim' 그룹 문자들을 배울 것이다. 'be' 그룹 문자들처럼 'jiim' 그룹 문자들도 아래에서 보는 것처럼 비슷한 기본 형태를 취한다.

خ	ح	چ	ج
KHe	*he*	*che*	*jiim*
ख़े	हे	चे	जीम

문자는 점의 수와 위치에 따라 구분된다. 예를 들어 'jiim'과 'KHe'의 경우 하나의 점을 가지고 있다. 그러나 아래처럼 점의 위치에 따라 발음이 다르다.

خ vs ج

KHe *jiim*

ख़े जीम

5.1 'jiim' 그룹 문자들

'jiim' 그룹 문자들은 'jiim'으로 시작한다.

5.1.1 'jiim'

'jimm'은 영어 "jam", "major", "haj" 혹은 힌디 /우르두어 "जल", "अजीब", "आज"의 'j' (ज)처럼 발음한다.

5.1.2 'che'

'che'는 영어 "child", "kitchen", "match" 혹은 힌디 /우르두어 "चल", "अचल", "आँच"의 'ch' (च)처럼 발음한다.

5.1.3 'he'

'he'는 영어 "hat", "mahout", "oh" 혹은 힌디 /우르두어 "हल", "रहम", "रूह"의 'h' (ह)처럼 발음한다.

5.1.4 'KHe'

'KHe'는 영어나 힌디에 상응하는 발음이 없다. 이것은 마찰음이고 우르두어에만 있는 독특한 6개 발음 중 하나이다.

다음 장에서 'KHe'에 대해서 더 자세히 배울 것이고 무엇이 그토록 독특하게 만드는지 볼 것이다.

5.2 'KHe' 심화 학습

5.2.1 'KHe'의 발음

'KHe'에 대해서 살펴보자.

ہ

do chashmi he

दो चश्मी हे

회화에서 'KHe'를 정확하게 발음하는 것은 아주 중요하다. 이 발음은 "KHyber", "khadi"에서 'kh' (ख)로 오해하는 경우가 종종 있다. 그러나 사실은 그렇지 않다.

[주의]

단어에서 'KHe'를 올바르게 발음하는 것은 아주 중요하다. 올바른 발음을 말하는 사람들과 이것을 규칙적으로 연습하는 것을 강력히 추천한다.

5.3 '단어 형성 - Ⅶ'

연결 문자

'jiim' 그룹 문자들은 연결 문자들이다. 이것들은 한 단어에서 그것들 뒤에 다른 문자가 오면 그것들과 결합해 단축형을 취한다.

5.3.1. 알리프와 함께 단어 맨 앞에 위치할 때

위에서 보았던 예에서 'jiim'과 알리프의 순서를 바꾸었을 때 어떤 일이 일어나는가를 살펴보도록 하자. 이것을 위해 "장소/공간/경우"를 의미하는 "jaa" (जा)라고 하는 단어를 살펴보자.

جا

jaa

जा

'jiim'이 'jaa'라고 하는 단어 안에서 어떻게 변하는지 주목하라. 이것은 어떤 단어에서 맨 앞에 위치하는 'jiim' 그룹 문자들이 뒤에 알리프와 결합할 때, 'jiim' 그룹 문자의 단축형을 보여준다. 아래는 모든 4종류 문자들의 단축형을 한눈에 보여준다.

خ	ح	چ	ج
kHe	*he*	*che*	*jiim*
ख़े	हे	चे	जीम

이 점을 더 명확히 하기 위해 'jim'에 대한 아래 비교를 보라.

Full form	=	Short form
ج		جـ
jiim		*jiim*
जीम		जीम

아래는 이전에 보았던 'jaa'를 나눠 놓은 것이다.

جا	=	ا	+	ج
jaa		*alif*		*jiim*
जा		अलिफ़		जीम

아래는 단축형 표기이다.

جا	=	ا	+	جـ
jaa		*alif*		*jiim*
जा		अलिफ़		जीम

"생명/연인"을 의미하는 "jaan" (जान)이라는 단어를 나눠 놓으면 아래와 같다.

جان	=	ن	+	ا	+	ج
jaan		*nuun*		*alif*		*jiim*
जान		नून		अलिफ़		जीम

"섞인/소비하다/핥다"라는 의미의 "chaaT" (चाट)라는 단어를 나눠 놓으면 아래와 같다.

چاٹ	=	ٹ	+	ا	+	چ
chaaT		*Te*		*alif*		*che*
चाट		टे		अलिफ़		चे

5.3.2. 'jiim'이 있고 'be'와 'nuun'이 단어 중간에 올 때의 단축형

'jiim' 그룹 문자들과 연결될 때, 'nuun'과 'be' 그룹 문자들은 다른 단축형을 취한다. 예를 들어, "다섯"을 뜻하는 "paa.nch" (पाँच)라는 단어를 살펴보자.

پانچ

paa.nch

पाँच

'be' 그룹 문자들과 'nuun'이 단어 맨 앞에서 취한 단축형을 인지하였는가? 아래 비교를 보라.

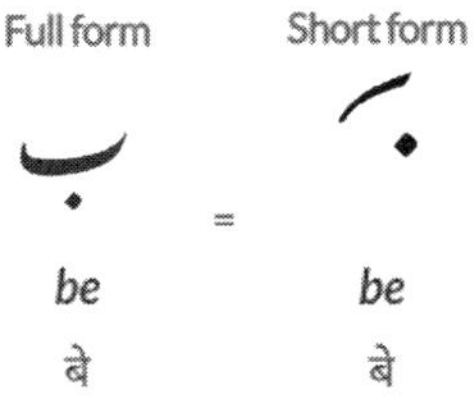

Full form		Short form
ب	=	بـ
be		*be*
बे		बे

5.3.3 몇몇 추가 단어들

아래 몇몇 추가 단어들을 학습하라.

خان	چاٹنا	چاٹ	جاپ
KHaan	*chaaTnaa*	*chaaT*	*jaap*
ख़ान	चाटना	चाट	जाप

جانا	چاچا	جاں	خاں
jaanaa	*chaachaa*	*jaa.n*	*KHaa.n*
जाना	चाचा	जाँ	ख़ाँ

ناچنا	جاپان	چانٹا	جاننا
naachnaa	*jaapaan*	*chaanTaa*	*jaannaa*
नाचना	जापान	चाँटा	जान्ना

جانچ	آنچ
jaa.nch	*aa.nch*
जाँच	आँच

5.4 'jiim'과 '도 짜쉬미 헤'

'be' 그룹의 문자들처럼 '도 짜쉬미 헤' 역시 'jiim'과 'jiim' 그룹의

'che'와 결합한다. 이로 인해 'jh' (झ)와 'chh' (छ)와 같은 대기음 소리가 난다.

جھ = ھ + ج

jh　　do chashmii he　　jiim

झ　　दो चश्मी हे　　जीम

[주의]

비록 'jh'는 'jiim'과 '도 짜쉬미 헤'와 결합하지만, 단어가 아니라 문자로 취급한다.

5.4.1 'jh'

'jh'는 'jiim'과 'do chashmii'가 결합해 만들어진다.

힌디 झंडा, समझाना, बोझ의 'jh' (झ)처럼 발음한다.

5.4.2 'chh'

'chh'는 'che'와 '도 짜쉬미 헤'가 결합해 쓰인다.

힌디 छोड़ना, बिछड़ना, कुछ의 'chh' (छ)처럼 발음한다.

5.5 '단어 형성 – VIII'

5.5.1 알리프가 있는 단어

"흐린/음산한"이라는 의미의 "chhaa" (छा)라는 단어를 살펴보자. 그리고 어떻게 'chh'가 알리프와 연결되는지 나눠 보면 아래와 같다.

چھا	=	ا	+	چھ
chhaa		*alif*		*chh*
छा		अलिफ़		छ

"버터 우유"라는 의미의 "chhaachh" (छाछ)라는 단어를 나눠 보면 아래와 같다.

چھاچھ	=	چھ	+	ا	+	چھ
chhaachh		*chh*		*alif*		*chh*
छाछ		छ		अलिफ़		छ

비슷하게, "찍다"라는 의미의 "chhaap" (छाप)라는 단어를 나눠 보면 아래와 같다.

چھاپ	=	پ	+	ا	+	چھ
chhaap		*pe*		*alif*		*chh*
छाप		पे		अलिफ़		छ

5.5.2 몇몇 추가 단어

아래는 지금까지 배운 것들을 연습하기 위한 몇몇 추가 단어들이다.

چھاج	چھاتا	چھاپا	جھابا
chhaaj	*chhaataa*	*chhaapaa*	*jhaabaa*
छाज	छाता	छापा	झाबा

چھنّا	چھانا	چھان
chhannaa	*chhaanaa*	*chhaan*
छान्ना	छाना	छान

Unit 6

단모음

도입

이 과에서는 세 개의 단모음, 'a' (अ), 'i' (इ), 'u' (उ)에 대해 배울 것이다. 이를 위해 3개의 특별한 기호에 대해 배울 것이다. 3개의 기호는 zabar, zer, pesh이다. 어떻게 이것들이 단모음 소리를 내기 위해 문자들과 결합하는지 보라.

ُ	ِ	َ
pesh	*zer*	*zabar*
पेश	ज़ेर	ज़बर

[중요]
발음 기호는 항상 문자 안에 숨어 있다.

이것은 비록 이러한 기호들이 세 개의 중요한 단모음의 발음에 대한 책임이 있다 하더라도, 일반적 관행으로는 표기하지 않는다는 것을 의미한다. 또한 인쇄나 디지털 매체에도 일반적으로 찾아볼 수 없다.

혼란스러운가? 나중에 이 기호들에 대해 배울 것이다.

6.1 'zabar'

문자 위에 자바르를 붙여 단모음 'a' (अ) 발음을 한다. 이렇게 함으로써 영어 "above", "up", "other" 혹은 힌디 /우르두어 "अब", "अगर"에서처럼 단모음 'a' 소리를 낸다.

أ

alif zabar (a)

अलिफ़ ज़बर (अ)

위의 예에서 보듯이, 자바르를 알리프 위에 놓고 'a'로 발음한다. 그러나 전에 언급했듯이 다른 모든 발음 기호처럼 자바르는 문자에 표시하지 않는다. 이것은 다음을 의미한다.

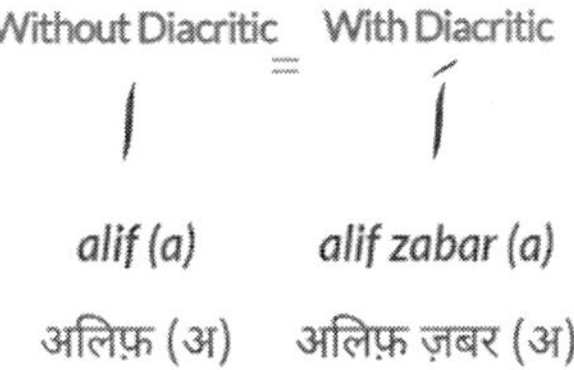

alif (a) *alif zabar (a)*

अलिफ़ (अ) अलिफ़ ज़बर (अ)

사실 우리가 이 과에서 지금까지 보아 온 모든 예들은 드러나지 않는 자바르를 내포한 문자들을 강조하기 위해 발음 기호와 함께 쓰였다. 아래 단어 "ab" (अब)을 보라.

Without Diacritic	=	With Diacritic
اب		اَب
ab		*ab*
अब		अब

다른 단어 "baT" (बट)를 보라. 여기서 'be'는 'b' (ब) 소리를 내기 위해 자바르를 취했다.

Without Diacritic	=	With Diacritic
بٹ		بَٹ
baT		*baT*
बट		बट

다른 예로 "ban" (बन)이 있다. 여기서 'be'는 'b' (ब) 소리를 내기 위해 자바르를 취했다.

Without Diacritic	=	With Diacritic
بن		بَن
ban		*ban*
बन		बन

6.1.1 '제르'

단모음 'i' (इ)는 문자 밑에 제르를 붙인다. 그렇게 함으로써, 영어 "in", "with", "bill" 혹은 힌디 /우르두어 "इधर", "इबादत"에서처럼 짧은 'i'로 발음한다.

اِ

alif zer (i)

अलिफ़ ज़ेर (इ)

만일 위에서 "an" (अन)이라는 단어를 적고 알리프 밑에 제르를 놓는다면 그 단어는 즉시 "이것들/이분들"을 의미하는 "in" (इन)이 된다는 점은 흥미롭다.

اِن	=	ن	+	ِ	+	ا
in		*nuun*		*zer*		*alif*
इन		नून		ज़ेर		अलिफ़

다른 예를 들어보자. "pit" (पित)에서 'pe'는 'pi' (पि) 소리를 내기 위해 제르를 취하였다.

پِت	=	ت	+	ِ	+	پ
pit		*te*		*zer*		*pe*
पित		ते		ज़ेर		पे

아래에서 "~없는"이라는 의미의 "bin" (बिन)이라는 단어는 동일함을 알 수 있다.

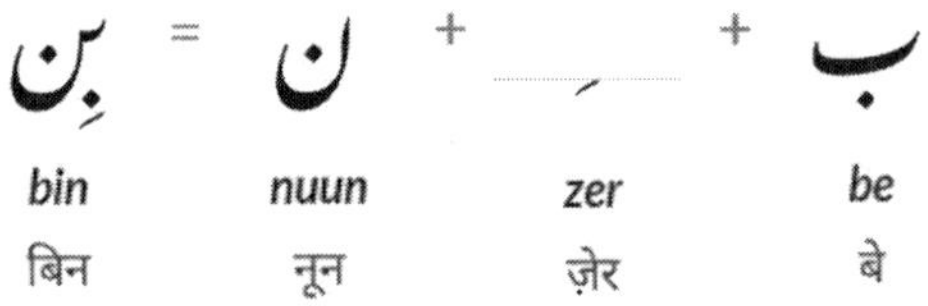

بِن	=	ن	+	ـِ	+	ب
bin		**nuun**		**zer**		**be**
बिन		नून		ज़ेर		बे

6.1.2 뻬쉬

단모음 'u' (उ)는 문자 위에 뻬쉬를 붙여 만든다. 그렇게 함으로써 영어 "put", "bull" 혹은 힌디 /우르두어 "उस्ताद", "उधर"에서처럼 짧은 'u'로 발음한다.

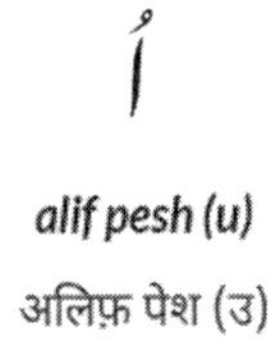

اُ

alif pesh (u)

अलिफ़ पेश (उ)

만일 위에서 "an" (अन)이라는 단어를 적고 알리프 위에 뻬쉬를 붙인다면, 그 단어는 즉시 "그것들/그분들"을 의미하는 "un" (उन)으로 바뀔 것이다.

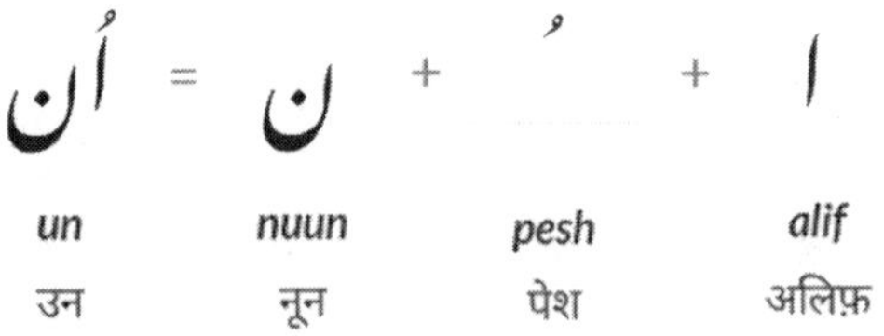

اُن	=	ن	+	ـُ	+	ا
un		**nuun**		**pesh**		**alif**
उन		नून		पेश		अलिफ़

다른 예를 들어보자. "조각"을 의미하는 "but" (बुत)에서 'be'는 'bu' (बु)라고 발음하기 위해 뻬쉬를 취하였다.

بُت	=	ت	+	ُ	+	ب
but		*te*		*pesh*		*be*
बुत		ते		पेश		बे

"직조하다"라는 의미의 "bun" (बुन)이라는 단어도 동일하다.

بُن	=	ن	+	ُ	+	ب
bun		*nuun*		*pesh*		*be*
बुन		नून		पेश		बे

6.1.3 발음 기호와 그 의미

우르두어에서 발음 기호는 항상 문자 안에 포함되어 있다는 것을 반복적으로 언급해 왔다. 그러나 그 단어가 쓰인 문맥에 친숙하지 않다면 잘못된 해석을 할 수 있을 것이다. 예를 들어 "되다"라는 의미의 "ban" (बन)이라는 단어를 발음 기호 없이 살펴보자.

ban

बन

발음 기호가 없는 경우 위에 적힌 "ban"이라는 단어는 다음 모든 것으로 읽힐 수 있다.

بن	=	بَن	or	بِن	or	بُن
ban		*ban*		*bin*		*bun*
बन		बन		बिन		बुन

위에 적힌 세 가지 읽는 방식은 문법적으로 아무런 문제가 없다.

[중요]

발음은 그 단어가 포함된 문장에 따라, 즉 문맥에 따라 읽어야 한다.

우르두어의 독자들은 발음 기호의 부재 시 어떤 단어가 의미하는 바가 무엇인지를 파악하는 데 있어 전문가들이다. 정확한 발음은 단순하게 그들이 읽는 문장의 문맥에 달려있다.

시간을 가지고 연습을 한다면 동일한 방식으로 유창하게 읽을 수 있게 될 것이다.

6.1.4 몇몇 추가 단어들

아래는 연습하기에 좋은 단어들이다. 어떤 것은 학습한 것이고, 어떤 것은 새로운 것이다. 모두 발음 기호를 첨가하였다.

اَنت	اَٹنا	اَپنا	اَنا
ant	*aTnaa*	*apnaa*	*anaa*
अंत	अटना	अपना	अना

پَٹ	پَت	تَب	اَناتھ
paT	*pat*	*tab*	*anaath*
पट	पत	तब	अनाथ

ٹَن ٹَن	تَن	نَٹ	ٹَپ ٹَپ
Tan Tan	*tan*	*naT*	*Tap Tap*
टन टन	तन	नट	टप टप

پَٹاخا	پَتا	بَتا	بَٹَن
paTaaKHaa	*pataa*	*bataa*	*baTan*
पटाख़ा	पता	बता	बटन

پھَٹ پھَٹ	بَٹنا	تَنا	تَپانا
phaT phaT	*baTnaa*	*tanaa*	*tapaanaa*
फट फट	बटना	तना	तपाना

اِتنا	تَھن	پھَٹنا	پھَن
itnaa	*than*	*phaTnaa*	*phan*
इतना	थन	फटना	फन

نِب	پِن	پِٹ	پِت
nib	*pin*	*piT*	*pit*
निब	पिन	पिट	पित

پِٹنا	بِتانا	پِتا	بِنا
piTnaa	*bitaanaa*	*pitaa*	*binaa*
पिटना	बिताना	पिता	बिना

بُت	اُبٹن	اُتنا	نِبھانا
but	*ubTan*	*utnaa*	*nibhaanaa*
बुत	उबटन	उतना	निभाना

پُتنا	ٹُن ٹُن	بُننا
putnaa	*Tun Tun*	*bunnaa*
पुतना	टुन टुन	बुन्ना

6.2 'jiim 그룹이 있는 경우'

지금까지 우리는 단어 맨 앞에 위치하는 약간은 다른 'jiim' 그룹 문자의 단축형 두 개를 보았다. 그러나 그들이 단어에서 다른 위치에 오는 경우는 어떠한가?

6.2.1 'be'와 'nuun'이 단어 맨 앞에 위치하면서 'jiim'과 함께 올 때의 단축형

'jiim' 그룹 문자들과 연결될 때, 'nuun'과 'be' 그룹의 문자들은 다른 형태의 단축형을 취한다. 이것에 대해서는 전에 간단히 배웠다. 예를 들어, "울리다"라는 의미의 "baj" (बज)와 "춤추다"라는 의미의 "nach" (नच)라는 단어를 살펴보자.

نچ & بج

nach baj

नच बज

'be' 그룹 문자와 'nuun'이 맨 앞에 올 때 단축형을 인지하였는가? 아래 비교를 보라.

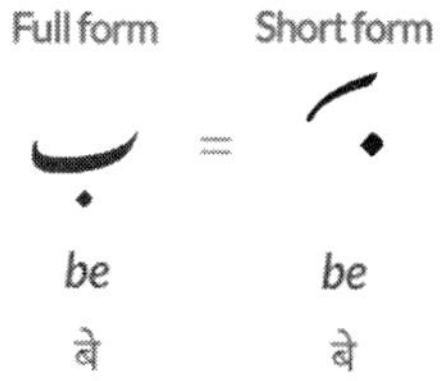

Full form Short form

ب = بـ

be be

बे बे

아래는 "baj"를 나눠 놓은 것이다.

بج = ج + ب

baj jiim be

बज जीम बे

단축형 표기이다.

بج	=	ج	+	بـ
baj		*jiim*		*be*
बज		जीम		बे

6.2.2 'jiim' : 중간에 올 때의 단축형

위에서 본 "baj"라는 단어의 예를 가지고 "적당한/적절한"이라는 의미의 "bajaa" (बजा)라는 단어를 나눠 보면 아래와 같다.

بجا	=	ا	+	ج	+	ب
bajaa		*alif*		*jiim*		*be*
बजा		अलिफ़		जीम		बे

위 단어에 'nuun'을 첨가해 "울리다"라는 의미의 "bajnaa" (बजना)라는 단어를 만들어 보자.

بجنا	=	ا	+	ن	+	ج	+	ب
bajnaa		*alif*		*nuun*		*jiim*		*be*
बजना		अलिफ़		नून		जीम		बे

비슷하게, "매력적으로 보이다"라는 의미의 "jachnaa" (जचना)라는 단어를 나눠 보면 아래와 같다.

جچنا	=	ا	+	ن	+	چ	+	ج
jachnaa		*alif*		*nuun*		*che*		*jiim*
जचना		अलिफ़		नून		चे		जीम

6.2.3 몇몇 추가 단어

지금까지 우리가 배워 온 단어를 활용해 만들 수 있는 단어가 꽤 있다. 연습해 보자.

جَناب	جَتانا	جَٹا	اَجَنتا
janaab	*jataanaa*	*jaTaa*	*ajantaa*
जनाब	जताना	जटा	अजनता

چَٹانا	جَنتا	چَنا	چَبانا
chaTaana	*jantaa*	*chanaa*	*chabaanaa*
चटाना	जनता	चना	चबाना

پَچانا	بَچانا	بَجانا	جَپنا
pachaanaa	*bachaanaa*	*bajaanaa*	*japnaa*
पचाना	बचाना	बजाना	जपना

تَجنا	پَچنا	بَچنا	بَجنا
tajnaa	*pachnaa*	*bachnaa*	*bajnaa*
तजना	पचना	बचना	बजना

تَج	پَچ	بَچ	بَج
taj	*pach*	*bach*	*baj*
तज	पच	बच	बज
جَچ	جَج	چَچا	جَچنا
jach	*jaj*	*chachaa*	*jachnaa*
जच	जज	चचा	जचना
چھاتا	چھاپ	جھابا	حَج
chhaataa	*chhaap*	*jhaabaa*	*haj*
छाता	छाप	झाबा	हज
چھاپنا	چھاننا	چھان	چھاپا
chhaapnaa	*chhaanna*	*chhaan*	*chhaapaa*
छापना	छान्ना	छान	छापा
چھَٹا	چھَت	جھَٹ	جھنجھَٹ
chhaTaa	*chhaT*	*jhaT*	*jhanjhaT*
छटा	छत	झट	झंझट

پَچھتانا	چھانٹنا	چَھپنا	چَھن چَھن
pachhtaanaa	*chhaa.nTnaa*	*chhapnaa*	*chhan chhan*
पछताना	छाँटना	छपना	छन छन
چِناب	جِن	بانچھ	بانجھ
chinaab	*jin*	*baa.nchh*	*baa.njh*
चिनाब	जिन	बाँछ	बाँझ
چِھننا	چِنتا	چِتا	جِتنا
chhinnaa	*chintaa*	*chitaa*	*jitnaa*
छिन्ना	चिंता	चिता	जितना
جُتنا	بِچھنا	بِچھانا	چِھپنا
jutnaa	*bichhnaa*	*bichhaanaa*	*chhipnaa*
जुतना	बिछना	बिछाना	छिपना
چُھپنا	چُپ	ناخُن	چُننا
chhupnaa	*chup*	*naaKHun*	*chunnaa*
छुपना	चुप	नाख़ुन	चुन्ना

بُھننا	چُبھنا	اُٹھنا	بُجھنا
bhunnaa	chubhnaa	uThnaa	bujhnaa
भुना	चुभना	उठना	बुझना

تُجھ	بُجھ	جُھنجُھنا
tujh	bujh	jhunjhunaa
तुझ	बुझ	झुनझुना

Unit 7

'daal' 그룹

도입

이 과에서 우리는 'daal' 그룹 문자들을 배울 것이다. 이 그룹은 아래에서 보는 것처럼 세 개의 자음, 'daal', 'Daal', 'zaal'로 구성되어 있다.

ذ	ڈ	د
zaal	*Daal*	*daal*
ज़ाल	डाल	दाल

반복하지만, 우르두어 알파벳의 다른 문자들처럼 이 'daal' 그룹 문자들은 공통적인 문자 형태를 공유한다. 아래에서 조금 더 자세하게 배워 보도록 하자.

7.1 'daal'

'daal'은 영어 "brother", "mother" 혹은 힌디 /우르두어 "दल", "आदर",

"बाद"의 부드러운 'd' (द)처럼 발음한다.

7.1.1 'Daal'

'Daal'은 영어 "door", "adam", "bad" 혹은 힌디 /우르두어 "डर", "झंडा", "लाड"의 'D' (ड)처럼 발음한다.

7.1.2 'zaal'

'zaal'은 영어 "zebra", "maze" 혹은 힌디 /우르두어 "ज़ात", "अज़ान", "काग़ज़"의 'z' (ज़)처럼 발음한다.

7.2 '단어 형성 – IX'

비연결 문자

'daal' 그룹 문자들은 다른 문자들과 결합하지 않는 비연결 문자들이다. 마치 알리프처럼 그들은 몇몇 단어에서는 다음에 오는 문자와 결합하지 않는다. "daa" (दा)를 가지고 예를 들어 보자.

دا

daa

दा

'daal'이 비연결 문자이기 때문에, "daa"라는 단어를 만들기 위해 먼저 'daal'을 쓰고 뒤에 알리프를 놓으면 된다. 아래는 그것을 나눠 놓은 것이다.

دا = ا + د

daa	alif	daal
दा	अलिफ़	दाल

'daal' 앞에 알리프를 놓아 "실행/동작"이라는 의미의 "adaa" (अदा)라는 단어를 만들어 보자.

ادا = ا + د + ا

adaa	alif	daal	alif
अदा	अलिफ़	दाल	अलिफ़

이번에는 'daal'을 앞에 놓아 "할아버지"를 의미하는 "daadaa" (दादा)라는 단어를 만들어 보자.

دادا = ا + د + ا + د

daadaa	alif	daal	alif	daal
दादा	अलिफ़	दाल	अलिफ़	दाल

비교를 위해 "현명한/배운"이라는 의미의 "daanaa" (दाना)라는 단어를 살펴보자.

دانا	=	ا	+	ن	+	ا	+	د
daanaa		*alif*		*nuun*		*alif*		*daal*
दाना		अलिफ़		नून		अलिफ़		दाल

7.2.1 몇몇 추가 단어

다음 과로 넘어가기 전에 추가로 몇몇 단어를 학습해 보자.

دانا	دان	داتا	دابنا
daanaa	*daan*	*daataa*	*daabnaa*
दाना	दान	दाता	दाबना
ذات	ڈانٹنا	ڈانٹ	دانت
zaat	*Daa.nTnaa*	*Daa.nT*	*daa.nt*
ज़ात	डाँटना	डाँट	दाँत

آباد	باد	داد	آداب
aabaad	*baad*	*daad*	*aadaab*
आबाद	बाद	दाद	आदाब

7.3 '단어 형성 – X'

7.3.1 발음 기호가 있는 것

자바르, 제르, 뻬쉬는 지금까지 우리가 배웠던 규칙을 준수한다.

daal pesh(du) daal zer(di) daal zabar(d)

दाल पेश(दु) दाल ज़ेर(दि) दाल ज़बर(द)

이전 과에서 우리는 이미 'daal' 그룹 문자와 바로 그 뒤에 오는 알리프에 대한 예시를 공부했다. 여기서는 'daal' 그룹 다음에 다른 자음이 오는 몇 개의 새로운 단어에 대해 살펴보자. 아래 단어 "dab" (दब)을 살펴보자.

دَب = ب + د

dab be daal

दब बे दाल

위의 예에서, 단어의 마지막에 오는 'be'는 그 모양이 바뀌지 않았다. 이 단어에 알리프를 덧붙이면 어떻게 "dabaa" (दबा)가 되는지 살펴보자.

دَبا	=	ا	+	ب	+	د
dabaa		***alif***		***be***		***daal***
दबा		अलिफ़		बे		दाल

위의 예에서 'be'는 'daal'에 의해서 나뉘었기 때문에 마지막 위치에 오는 것으로 간주되었다. 그러므로 그것 뒤에 알리프로 연결되었다.

여기에 'nuun'을 덧붙여 "dabnaa" (दबना)라는 단어를 만들어 보자.

دَبنا	=	ا	+	ن	+	ب	+	د
dabnaa		***alif***		***nuun***		***be***		***daal***
दबना		अलिफ़		नून		बे		दाल

이 규칙의 확실한 이해를 위해, 다른 알리프를 덧붙여"daabnaa" (दाबना)와 "dabaanaa" (दबाना)라는 단어를 만들어 보자.

دابنا	=	ا	+	ن	+	ب	+	ا	+	د
daabnaa		***alif***		***nuun***		***be***		***alif***		***daal***
दाबना		अलिफ़		नून		बे		अलिफ़		दाल

위의 예에서 알리프와 'be'의 위치를 서로 바꾸면 아래와 같다.

دَبانا	=	ا	+	ن	+	ا	+	ب	+	د
dabaanaa		*alif*		*nuun*		*alif*		*be*		*daal*
दबाना		अलिफ़		नून		अलिफ़		बे		दाल

7.3.2 몇몇 추가 단어들

아래에는 추가 학습을 위한 단어들이다.

اَدا	اَدَب	اَذان	ڈُبانا
adaa	*adab*	*azaan*	*Dubaanaa*
अदा	अदब	अज़ान	डुबाना

다음 과에서는 '도 짜쉬미 헤'가 'daal' 그룹 문자들과 어떻게 결합하는지 학습할 것이다.

7.4 'daal'과 '도 짜쉬미 헤'

지금까지 배운 단어들을 가지고 조금 더 흥미로운 것을 만들어 보자. 어떻게 '도 짜쉬미 헤'가 'daal' 그룹 문자들과 결합하는지 살펴보도록 하자.

'daal' 그룹 문자들 중에서 '도 짜쉬미 헤'는 'daal'과 'Daal' 문자들과 결합해서 대기음인 'dh' (ध)와 'Dh' (ढ)를 만든다. 아래는 그 예이다.

دھ = ھ + د

dh *do chashmii he* *daal*

ध दो चश्मी हे दाल

비슷한 예로 다음을 들 수 있다.

ڈھ = ھ + ڈ

Dh *do chashmii he* *Daal*

ढ दो चश्मी हे डाल

7.4.1 발음 기호가 있는 경우

자바르, 제르, 뻬쉬는 우리가 지금까지 배워 왔던 규칙을 준수한다. 아래는 그 예이다.

دُھ & دِھ & دَھ

dh pesh (dhu) *dh zer (dhi)* *dh zabar (dh)*

ध पेश (धु) ध ज़ेर (धि) ध ज़बर (ध)

7.4.2 알리프가 있는 경우

대기음이 알리프와 결합하는 경우 어떻게 변하는지 살펴보자. 이것을 위해 "dhaan" (धान)이라는 단어를 만들어 보자.

دھان = ن + ا + دھ

dhaan	nuun	alif	dh
धान	नून	अलिफ़	ध

위를 보면 'dh'에서 '도 짜쉬미 헤'는 문자들을 연결하는 역할을 하는 것처럼 보이는데, 알리프와 결합하기 위해 모양이 바뀐다.

"Dhaabaa" (ढाबा)라고 하는 다른 단어로 예를 들어 보자.

ڈھابا = ا + ب + ا + ڈھ

Dhaabaa	alif	be	alif	Dh
ढाबा	अलिफ़	बे	अलिफ़	ढ

7.4.3 다른 자음이 있는 경우

"dhap" (धप)이라는 단어의 예를 살펴보자.

دھپ = پ + دھ

dhap	pe	dh
धप	पे	ध

'pe'와 결합 시 '도 짜쉬미 헤'의 모양이 약간 변하는 것을 보았는가? 그 차이는 아래와 같다.

دھ vs دھ

dh dh
ध ध

다른 예를 들어보자. 이번에는 "dhan" (धन)이라는 단어이다.

دھن = ن + دھ

dhan nuun dh
धन नून ध

7.4.4 몇몇 추가 단어들

아래는 몇몇 추가 단어들이다.

بادھا	آدھار	آدھا	دھان
baadhaa	aadhaar	aadhaa	dhaan
बाधा	आधार	आधा	धान

ڈھانپ	ڈھانا	ڈھاٹا	ڈھابا
Dhaa.np	Dhaanaa	DhaaTaa	Dhaabaa
ढाँप	ढाना	ढाटा	ढाबा
			ڈھانپنا
			Dhaa.npnaa
			ढाँपना

Unit 8

're' 그룹

도입

이 과에서 우리는 're' 그룹 문자들을 배울 것이다. 이 그룹은 're', '.De', 'ze', 'zhe' 등 4개의 자음으로 구성되어 있다.

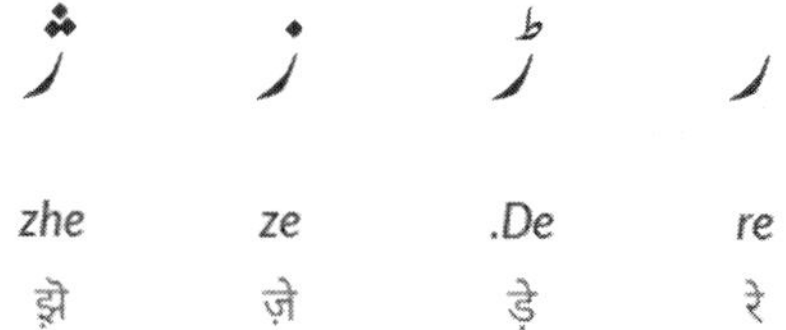

8.1 're'

're'는 영어 "ran", "frog", "other" 혹은 힌디 /우르두어 "रास्ता", "भरम", "अंदर"의 'r' (र)처럼 발음한다.

8.1.1 '.De'

'.De'는 힌디 /우르두어"लड़ना", "रगड़"의 '.D' ('ड़')처럼 발음한다. 영어에는 상응하는 발음이 없다.

8.1.2 'ze'

'ze'는 영어 "zebra", "maze" 혹은 힌디 /우르두어 "ज़मीन", "मिज़ाज", "राज़"의 'z' (ज़)처럼 발음한다.

8.1.3 'zhe'

'zhe'는 영어 "rouge"의 'g' 혹은 "measure"나 "treasure"의 's'처럼 발음한다. 힌디에는 상응하는 발음이 없다.

진도를 더 나가기 전에 'ze'와 'zhe'의 차이, 그리고 그들의 발음에 대해 조금 더 자세히 살펴보기로 하자.

8.2 'ze' 심화 학습

8.2.1 'ze'의 발음

아래에서 'ze'를 보자. 데바나가리로는 'ज़े'가 상응하는 발음이다.

ز

ze

ज़े

우르두어 회화에서 'ze'를 정확히 발음하는 것은 매우 중요하다. 이 발음은 때때로 영어 "jar"나 "major"의 'j' (ज)로 잘못 발음하기도 한다.

8.3 'zhe' 심화 학습

8.3.1 'zhe'의 발음

아래에서 'zhe'를 보자. 데바나가리로는 'झ़'가 그에 상응하는 발음이다.

ژ

zhe

झ़

우르두어 회화에서 'zhe'를 정확히 발음하는 것은 매우 중요하다.

이 발음은 다소 평범하기 때문에 사람들은 'z' (ज़), 'j' (ज) 혹은 'jh' (झ) 이 세 개를 종종 헷갈려 한다.

[주의]

단어 안에서 'zhe'를 올바르게 발음하는 것은 아주 중요하다. 올바른 발음을 말하는 사람들과 이것을 규칙적으로 연습하는 것을 강력히 추천한다.

8.4 '단어 형성 – XI'

단독으로 쓰이는 문자

'daal' 그룹 문자들처럼 're' 그룹 문자들도 단독으로만 사용된다. 예를 들어, "raa" (रा)라는 단어를 위해 're' 그룹 문자와 알리프가 결합한 것을 살펴보도록 하자.

را	=	ا	+	ر
raa		***alif***		***re***
रा		अलिफ़		रे

우리는 알리프가 단독으로 사용된다는 것을 이미 배웠다. 위에 예시를 조금 더 활용해서 "비밀"이라는 의미를 가진 "raaz"(राज़)라는 단어를 적어 보자.

راز

raaz

राज़

위의 예를 가지고 "왕"이라는 의미의 "raajaa" (राजा)라는 단어를 만들어 보자.

راجا	=	ا	+	ج	+	ا	+	ر
raajaa		***alif***		***jiim***		***alif***		***re***
राजा		अलिफ़		जीम		अलिफ़		रे

이전에 배웠던 것처럼 위의 예에서, 다음 문자와 결합하는 'jiim'은 알리프와 결합 시 단축형을 취한다.

이번에는 "자유"라는 의미의 "aazaad"(आज़ाद)라는 단어를 살펴보자.

آزاد	=	د	+	ا	+	ز	+	ا
aazaad		daal		alif		ze		alif
आज़ाद		दाल		अलिफ़		ज़े		अलिफ़

"시장"을 의미하는 "baazaar" (बाज़ार)라는 단어도 있다.

بازار	=	ر	+	ا	+	ز	+	ا	+	ب
baazaar		re		alif		ze		alif		be
बाज़ार		रे		अलिफ़		ज़े		अलिफ़		बे

8.4.1 몇몇 추가 단어들

지금까지 배워 온 문자들과 're' 그룹 문자를 사용해 만든 몇몇 단어를 살펴보았다. 아래는 몇몇 추가 단어들이다.

8.5 '단어 형성 – XII'

8.5.1 발음 기호가 있는 경우

자바르, 제르, 뻬쉬는 지금까지 우리가 배워 온 규칙들을 준수한다.

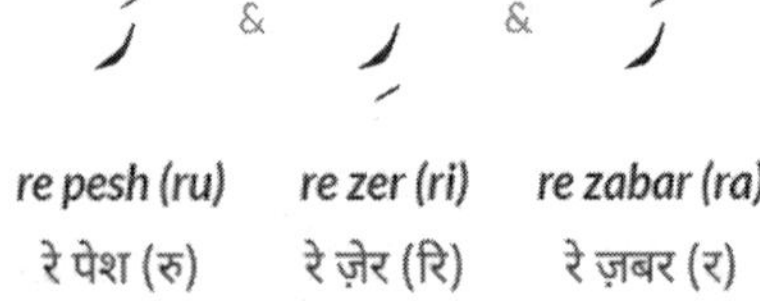

이전 과에서 우리는 're' 그룹 문자들과 그 뒤에 알리프가 오는 단어

들을 배웠다.

여기서는 'daal' 그룹 문자와 그 뒤에 오는 다른 자음과 결합한 몇몇 단어들을 살펴보도록 하자. "신(神)"을 뜻하는 "rab" (रब)이라는 단어를 나눠 보면 아래와 같다.

رَب	=	ب	+	ر
rab		*be*		*re*
रब		बे		रे

위의 예에서 'be' 그룹 문자는 제일 마지막에 있다. 그러므로 그 모양이 변하지 않았다.

"멈추다/고집스럽다"라는 뜻의 "a.Dnaa" (अड़ना)라는 단어를 나눠 보면 아래와 같다.

اَڑنا	=	ا	+	ن		ڑ	+	ا
a.Dnaa		*alif*		*nuun*		*.De*		*alif*
अड़ना		अलिफ़		नून		ड़े		अलिफ़

"스카프"를 의미하는 "ridaa" (रिदा)라는 단어를 살펴보자.

رِدا	=	ا	+	د	+	ر
ridaa		*alif*		*daal*		*re*
रिदा		अलिफ़		दाल		रे

"얼굴"이라는 의미의 "ruKH" (रुख़)라는 단어를 살펴보자.

رُخ = خ + ر

ruKH KHe re

रुख़ ख़े रे

[주의]

자신 다음에 오는 문자와 결합하지 않는 're' 그룹 문자들은 단어 형성에 있어 'daal' 그룹 문자들과 같은 동일한 규칙을 따른다.

8.5.2 몇몇 추가 단어들

아래는 추가 단어들이다.

دارا	جاڑا	اُڑنا	اُڑان
daaraa	jaa.Daa	u.Dnaa	u.Daan
दारा	जाड़ा	उड़ना	उड़ान

پھاڑنا	بھاڑا	اُجاڑنا	اُتارنا
phaa.Dnaa	bhaa.Daa	ujaa.Dnaa	utaarnaa
फाड़ना	भाड़ा	उजाड़ना	उतारना

پِٹارا	تِجارَت	خارِج	جھاڑنا
piTaaraa	*tijaarat*	*KHaarij*	*jhaa.Dnaa*
पिटारा	तिजारत	ख़ारिज	झाड़ना
ڈَرنا	پِچھاڑنا	اَرباب	بارات
Darnaa	*pchhaa.Dnaa*	*arbaab*	*baaraat*
डरना	पछाड़ना	अरबाब	बारात
بار	اَچار	اَنار	ذَرا
baar	*achaar*	*anaar*	*zaraa*
बार	अचार	अनार	ज़रा
خار	چار	تارا	پار
KHaar	*chaar*	*taaraa*	*paar*
ख़ार	चार	तारा	पार
بُخار	اَخبار	نادِر	زَر
buKHaar	*aKHbaar*	*naadir*	*zar*
बुख़ार	अख़बार	नादिर	ज़र

تاڑ	پاڑ	جھاڑ	چِنار
taa.D	*paa.D*	*jhaa.D*	*chinaar*
ताड़	पाड़	झाड़	चिनार

ناز	باز	دَراز
naaz	*baaz*	*daraaz*
नाज़	बाज़	दराज़

Unit 9

변형된 형태– 'daal'과 're'

도입

우리는 지금까지 다른 문자와 결합하지 않는 'daal' 그룹 그리고 're' 그룹 문자들을 배웠다. 이 문자들은 다른 문자와 결합 시에도 그 모양이 변하지 않는다.

그러나, 이 규칙에 중요한 예외가 있다. 이 예외는 다음과 같이 정리할 수 있다.

1. 'daal' 그룹 그리고 're' 그룹 문자들은 단어의 맨 앞에 올 때 그 모양이 변하지 않는다.
2. 단독으로 쓰이는 문자가 앞에 올 때 'daal' 그룹 그리고 're' 그룹 문자들은 단어의 중간이나 마지막에서 그 모양이 변하지 않는다.
3. 'be'와 'jiim' 그룹 문자들처럼 다음 문자와 결합하는 문자가 앞에 올 때 'daal' 그룹 그리고 're' 그룹 문자들은 그 모양이 변한다.

9.1 'daal'과 'be' 그룹

"공기"를 의미하는 "baad" (बाद)와 "나쁜"이라는 의미의 "bad" (बद)라는 단어를 아래에 비교해 놓았다.

بد vs باد

bad *baad*

बद बाद

위에서 제시한 두 단어 중에, 'daal'은 마지막에 왔다. 그러나 "baad"의 경우 그 앞에 비연결 문자인 알리프가 왔다. 따라서 그 모양이 변하지 않았다.

다른 한편, "bad"라는 단어에서 'daal'은 그 앞에 연결 문자인 'be'가 왔다. 따라서 아래처럼 그 모양이 변하였다.

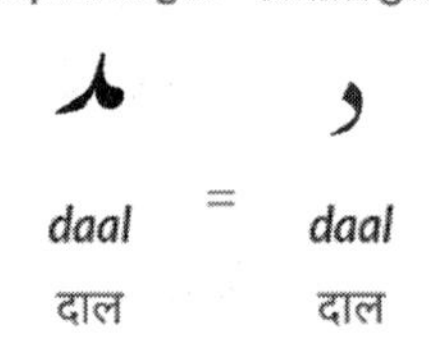

"거주의"라는 의미의 "aabaad" (आबाद)와 "영원"이라는 의미의"abad" (अबद)라는 단어를 살펴보자.

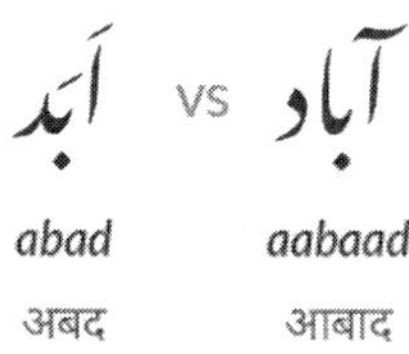

9.1.1 'daal'과 'jiim' 그룹

비슷한 예로, "rad" (रद)와 "had" (हद) 사이의 차이를 비교해 보라.

حَد vs رَد

had	rad
हद	रद

"had" 단어에서 'daal' 앞에는 연결 문자인 'he'가 와서 'daal'은 그 모양이 변하였다.

9.1.2 're'와 be그룹

"Dar" (डर)와 "par" (पर) 사이의 비교를 보자.

پر vs ڈر

par	Dar
पर	डर

위에 제시한 두 단어에서, 're'는 맨 마지막에 왔다. 그러나 "Dar"라는 단어에서 're'는 비연결 문자인 알리프 다음에 왔다. 따라서 그 모양

이 변하지 않았다.

그러나 "par"라는 단어에서 're'는 연결 문자인 'pe' 다음에 왔다. 따라서 아래처럼 그 모양이 변하였다.

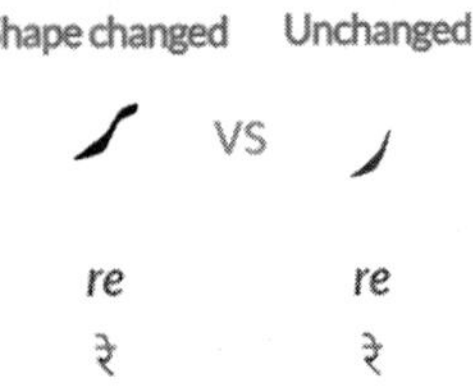

"baar" (बार)와 "uja.D" (उजड़) 두 단어의 예를 아래에서 확인해 보자.

اُجَڑ VS بار

uja.D baar

उजड़ बार

9.1.3 're'와 jiim그룹

비슷한 방식으로, "a.D" (अड़)와 (जड़) 사이의 비교를 보자.

جڑ VS اڑ

ja.D a.D

जड़ अड़

"ja.D"에서 '.De'는 연결 문자인 'jiim'이 앞에 와서 그 모양이 변하였다. "KHaar" (ख़ार) 와 "KHabar" (ख़बर), 두 단어의 예를 아래에서 확인해 보자.

خَبَر	vs	خار
KHabar		KHaar
ख़बर		ख़ार

지금까지 우리는 'daal'과 're' 그룹 문자들이 단어의 중간이나 마지막에 위치할 때 그 모양이 변하는 것을 배웠다.

9.1.4 몇몇 추가 단어들

نِدا	خاندان	بَد	بَدَن
nidaa	KHaandaan	bad	badan
निदा	ख़ानदान	बद	बदन
اَنڈا	خُدا	جُدا	حَد
anDaa	KHudaa	judaa	had
अंडा	ख़ुदा	जुदा	हद
پِنڈا	ٹِنڈا	ڈَنڈا	اَجداد
pinDaa	TinDaa	DanDaa	ajdaad
पिंडा	टिंडा	डंडा	अज्दाद

چَندَن	پابَند	اَبجَد	پَد
chandan	paaband	abjad	pad
चंदन	पाबंद	अबजद	पद

9.2 ‘jazm’

도입

자음군이란 한 단어에서 문자들 사이에 모음 없이 쓰이는 두 개 혹은 그 이상의 자음들로 구성된 발음을 말한다. 영어의 경우 “dust”, “chart”, “street”, “spring”, 힌디의 경우 “dard” (दर्द), “darj” (दर्ज) 등을 들 수 있다.

우르두어에서 두 개 혹은 그 이상의 자음들을 함께 발음할 때, 그 문자 위에 자즘이라고 하는 발음 기호를 첨가한다.

[중요]

자바르, 제르, 뻬쉬와 같은 발음 기호처럼 자즘도 평상시에는 표시되지 않는다. 언어에 좀 더 익숙해질 때까지 우리는 가능한 많은 예들을 사용할 것이다.

먼저 “abr” (अब्र)라는 단어이다.

자즘 표시 없이 “abr” (अब्र)라는 단어는 “abar” (अबर)로 해석될 수 있다. 아래는 자즘의 위치에 따른 차이를 보여주는 비교이다.

ابر vs ابْر

abar — अबर　　*abr* — अब्र

[주목]

위에서 보여준 예시는 가설이다. 단지 자즘을 설명하기 위해 보여준 것이다. "구름"을 의미하는 "abr" (अब्र)라는 단어는 우르두어에서 상당히 빈번하게 쓰이는 단어이다. 항상 자즘 없이 쓰이는 경우가 대부분이다.

비슷한 논리로 "dard" (दर्द)라는 단어를 살펴보자.

درد　　دَرْد

dard = *dard*

दर्द　　दर्द

마찬가지로 "zard" (ज़र्द)라는 단어이다.

زرد　　زَرْد

zard = *zard*

ज़र्द　　ज़र्द

"darj" (दर्ज)라는 단어이다.

درج = درْج

darj = darj

दर्ज दर्ज

지금까지 배웠던 것을 바탕으로 '도 짜쉬미 헤'가 're' 그룹 문자들과 결합하는지 살펴보도록 하자.

9.3 're'와 '도 짜쉬미 헤'

지금까지 우리는 're' 그룹 문자들이 결합 시 변하는 형태를 배웠다. 여기서는 어떻게 '도 짜쉬미 헤'가 결합하는지 조금 더 살펴보고자 한다. '.De'와 '도 짜쉬미 헤'를 사용하여 대기음인 Dh' (ढ़)를 만들어보자.

ڑھ = ھ + ڑ

.Dh do chashmii he .De

ढ़ दो चश्मी हे ड़े

이제 "pa.Dh" (पढ़)라는 단어를 살펴보자.

پڑھ

pa.Dh

पढ़

전에 보았듯이, '.Dh'가 're' 그룹 문자들과 결합 시 어떻게 모양이 변하는지 살펴보자.

پڑھ	=	ڑھ	+	پ
pa.Dh		*.Dh*		*pe*
पढ़		ढ़		पे

한 단계 더 나아가 "pa.Dhnaa" (पढ़ना)라는 단어가 어떻게 쓰였는지 아래에서 확인해 보자.

پڑھنا	=	ا	+	ن	+	ڑھ	+	پ
pa.Dhnaa		*alif*		*nuun*		*.Dh*		*pe*
पढ़ना		अलिफ़		नून		ढ़		पे

우리가 지금까지 배웠던 우르두 문자들을 결합하기 위해 사용된 모든 규칙들이 여기서 적용되었다. 비슷한 예로 "cha.Dhnaa"(चढ़ना)라는 단어를 아래에서 확인해 보자.

چڑھنا	=	ا	+	ن	+	ڑھ	+	چ
cha.Dhnaa		*alif*		*nuun*		*.Dh*		*che*
चढ़ना		अलिफ़		नून		ढ़		चे

9.3.1 몇몇 추가 단어들

지금까지 배웠던 모든 내용을 활용한 새로운 단어들을 아래에서 확인해 보자.

اُدَھر	اِدَھر	جِدَھر	دَھڑ
udhar	idhar	jidhar	dha.D
उधर	इधर	जिधर	धड़

بڑھ	چڑھنا	پڑھنا	بڑھنا
ba.Dh	cha.Dhnaa	pa.Dhnaa	ba.Dhnaa
बढ़	चढ़ना	पढ़ना	बढ़ना

چَھڑ	داڑھ	چڑھ	پڑھ
chha.D	daa.Dh	cha.Dh	pa.Dh
छड़	दाढ़	चढ़	पढ़

پَر	پَد	پَھڑ	بِھڑ
par	pad	pha.D	bhi.D
पर	पद	फड़	भिड़

بندھ	دھند	بَر	بَد
bandh	*dhund*	*bar*	*bad*
बंध	धुंद	बर	बद

پھندا	بدھ
phandaa	*budh*
फंदा	बुध

Unit 10

'vaao'

도입

이 과에서 우리는 우르두어 알파벳 중에 가장 활용도가 높은 문자인 'vaao'에 대해 배울 것이다.

و

vaao

वाओ

'vaao'는 자신이 사용된 단어에 따라 4가지 뚜렷한 발음을 갖는다. "vote"나 "shave" 에서처럼 자음인 'v'소리가 나거나 장모음인 'o', 'oo' 혹은 'uu' 혹은 'au', 이렇게 세 가지 소리가 난다.

10.1 장모음 'o'

지금부터는 'vaao'가 세 가지 장모음인 'o', 'au', 'oo' 소리를 내기 위해 어떻게 사용되었는지 배울 것이다. 이 소리를 내기 위해 발음 기호인 자바르와 뻬쉬를 사용할 것이다.

먼저, 장모음 'o'를 살펴보자. 모음으로서, 영어의 경우 "oak", "note" 힌디나 우르두어의 경우 "ओट", "मोर", "दो"에서처럼 'o' (ओ) 소리가 난다.

o
ओ

[중요]

단어 처음에서, 'vaao'는 'o', 'au', 'oo' 소리를 내기 위해 반드시 그 앞에 알리프를 덧붙인다. 이 과의 다음 내용을 이해하기 위해서 지금 이 규칙을 배우는 것은 아주 중요하다.

아래는 위에 언급한 내용을 나눠 놓은 것이다.

او = و + ا

او	=	و	+	ا
o		*vaao*		*alif*
ओ		वाओ		अलिफ़

이 논리를 사용하여 "or" (ओर)라는 단어를 살펴보자.

اور = ر + و + ا

or	re	vaao	alif
ओर	रे	वाओ	अलिफ़

[중요]

'vaao' 역시 위의 예에서 보듯이 다른 문자와 결합하지 않고 단독으로 사용된다.

장모음 'o' 가 "o.Dhnaa" (ओढ़ना)에서처럼 맨 앞에 오는 다른 예를 살펴보자.

اوڑھنا = ا + ن + ڑھ + و + ا

o.Dhnaa	alif	nuun	.Dh	vaao	alif
ओढ़ना	अलिफ़	नून	ढ़	वाओ	अलिफ़

장모음 'o' 가 단어 중간에 오는 경우도 있다. 아래 "Dor" (डोर)라는 단어를 살펴보자.

ڈور = ر + و + ڈ

Dor	re	vaao	Daal
डोर	रे	वाओ	डाल

여기서 'vaao'는 단어 중간에 와서 'o' 소리를 낸다. 그러므로 "Dor"라는 단어에서 자신 앞에 알리프를 필요로 하지 않았다.

جوڑ	=	ڑ	+	و	+	ج
jo.D		.De		vaao		jiim
जोड़		ड़े		वाओ		जीम

지금까지 단어 처음과 중간에 와서 'o' 소리를 내는 'vaao'를 살펴보았다. 이제 단어 마지막에 올 때 어떻게 동일한지 살펴보기로 하자. 이전의 예로부터 '.De'를 제거하고 "jo" (जो)라는 단어를 살펴보자.

جو	=	و	+	ج
jo		vaao		jiim
जो		वाओ		जीम

우리는 'vaao'가 마지막에 올 때 장모음 'o' 소리가 나는 것을 확연히 볼 수 있었다. 아래 다른 예시가 있다.

رو	=	و	+	ر
ro		vaao		re
रो		वाओ		रे

여기 다른 예시가 있다. "baano" (बानो)라는 단어를 보자.

بانو	=	و	+	ن	+	ا	+	ب
baano		vaao		nuun		alif		be
बानो		वाओ		नून		अलिफ़		बे

10.2 몇몇 추가 단어들

이 과에서 배운 것들을 가지고 새로운 단어를 학습해 보자.

دو	بودا	بوجھا	اوجھا
do	*bodaa*	*bojhaa*	*ojhaa*
दो	बोदा	बोझा	ओझा

بوٹ
boat
बोट

چوٹ	جوت	ٹوپا	پوپ
choT	*jot*	*Topaa*	*pop*
चोट	जोत	टोपा	पोप

بھوج	اوٹ	بوجھ
bhoj	*vot*	*bojh*
भोज	ओट	बोझ

10.3 장모음 'au'와 'oo'

이전에 장모음 'o'에 대해서 배웠다. 여기서는 'au', 'uu' 혹은 'oo'에 대해서 학습해 보기로 한다. 'oo'는 영어 "oops", "loot", "too" 혹은 힌디 "ऊन", "दूर", "आरज़ू"의 'oo'처럼 발음한다. 'au'의 경우 영어 "awe", "bought", "straw" 혹은 힌디 "और", "चौक", "सौ"의 'au'처럼 발음한다. 자음으로서는 영어 "vote", "save" 힌디 "वर्दी", "दवा", "नीव"의 'v' (व)처럼 발음한다.

아래는 어떻게 쓰였는가를 보여주고 있다.

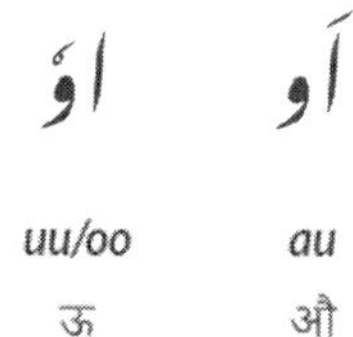

여기서, 발음 기호인 자바르와 뻬쉬는 장모음 'au'와 'oo' 발음을 내기 위해 알리프와 'vaao'의 결합 형태를 취할 수 있다.

[중요]

전에 배운 것처럼, 단어 앞에서 'vaao' 앞에 알리프가 온다면 발음은 'o', 'au', 혹은 'uu' 중 하나가 된다.

우리가 전에 배웠던 모든 규칙은 여기에 적용 가능하고 단어를 만들 때에도 적용 가능하다. 아래에서 "or" (ओर)와 "aur" (और)를 비교해 보자.

اَور vs اور

aur और　　or ओर

아래 나눠 놓은 것은"aur"가 어떻게 쓰였는지를 보여준다.

اَور	=	ر	+	و	+	َ	+	ا
aur		*re*		*vaao*		*zabar*		*alif*
और		रे		वाओ		ज़बर		अलिफ़

비슷하게 "uub" (ऊब)라는 단어를 살펴보자.

اُوب	=	ب	+	و	+	ُ	+	ا
uub		*be*		*vaao*		*pesh*		*alif*
ऊब		बे		वाओ		पेश		अलिफ़

'vaao'가 단어 중간에 올 때 이 모음 소리를 살펴보자. 이를 위해 "Duub" (डूब)이라는 단어를 살펴보자.

ڈُوب	=	ب	+	و	+	ُ	+	ڈ
Duub		*be*		*vaao*		*pesh*		*Daal*
डूब		बे		वाओ		पेश		डाल

위에서 알리프는 자음 'Daal'로 대체되었다. 뻬쉬가 'Daal'위에 놓여 있고 그 뒤에 'vaao'가 와서 'Doo' (डू) 소리를 낸다. "dau.D" (दौड़)라는 단어를 나눠 보면 아래와 같다.

دَوڑ	=	ڑ	+	و	+	ـَ	+	د
dau.D		.De		vaao		zabar		daal
दौड़		ड़े		वाओ		ज़बर		दाल

이번에는"jaur" (जौर)라는 단어를 살펴보자.

جَور	=	ر	+	و	+	ـَ	+	ج
jaur		re		vaao		zabar		jeem
जौर		रे		वाओ		ज़बर		जीम

한 단계 더 나아가 "baaruud" (बारूद)라는 단어를 살펴보자.

بارُود	=	د	+	و	+	ـُ	+	ر	+	ا	+	ب
baaruud		daal		vaao		pesh		re		alif		be
बारूद		दाल		वाओ		पेश		रे		अलिफ़		बे

이번에는 'oo', 'au' 소리를 내기 위해 'vaao'가 단어 마지막에 오는 몇몇 예를 살펴보자.

간단히 "nau" (नौ)라는 단어로 예시를 들어 보자.

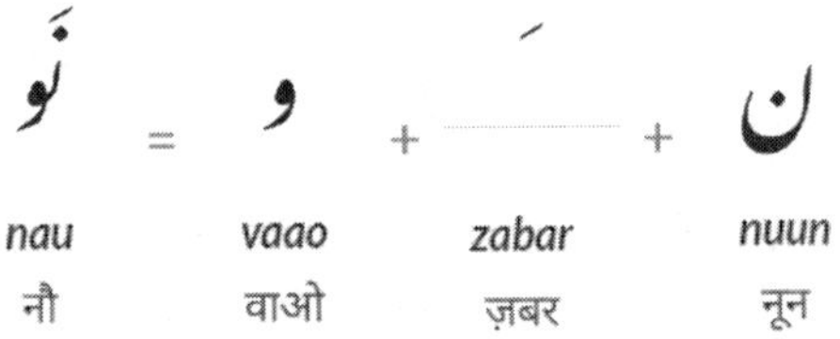

نَو	=	و	+	َ	+	ن
nau		*vaao*		*zabar*		*nuun*
नौ		वाओ		ज़बर		नून

비슷한 예시로 "buu" (बू)라는 단어이다.

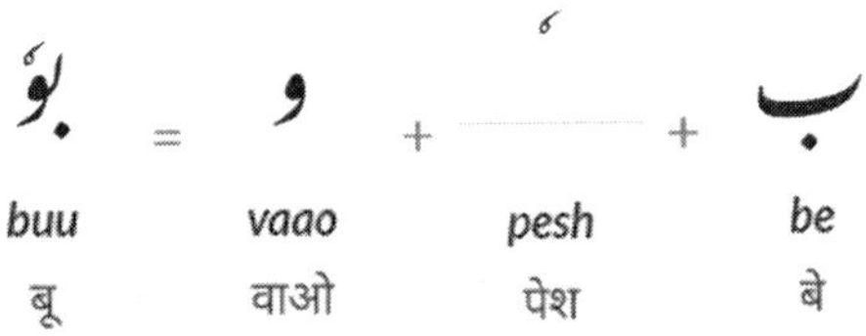

بُو	=	و	+	ُ	+	ب
buu		*vaao*		*pesh*		*be*
बू		वाओ		पेश		बे

다른 예시인 "aarzuu" (आरज़ू)이다.

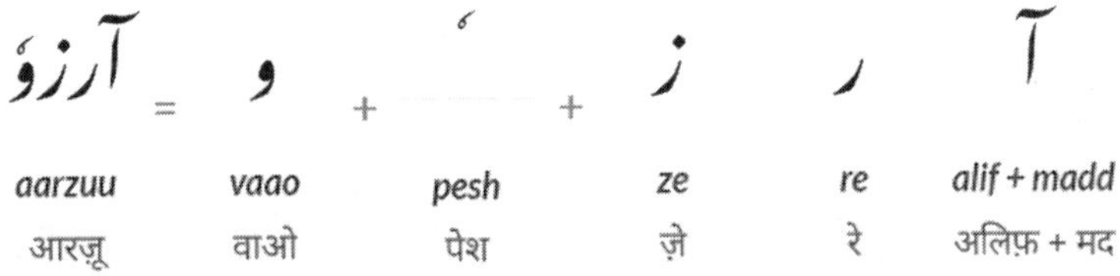

آرزُو	=	و	+	ُ	+	ز	ر	آ
aarzuu		*vaao*		*pesh*		*ze*	*re*	*alif + madd*
आरज़ू		वाओ		पेश		ज़े	रे	अलिफ़ + मद

10.3.1 몇몇 추가 단어들

아래는 지금까지 우리가 배운 새로운 발음을 포함한 몇몇 단어들이다.

10.4 자음으로서 'vaao'

지금까지 우리는 단어 맨 앞에 오는 알리프 때문에 그다음 위치에서 장모음 소리를 내는 'vaao'를 살펴보았다. 이제 'vaao'가 단어의 다른 위치에서 자음으로서 어떻게 작동하는지 살펴볼 것이다.

10.4.1 'vaao'가 단어 맨 앞에 오는 경우

'vaao'가 그 앞에 알리프를 두지 않고 단어 맨 앞에 올 때 'vaao'는 "vaar" (वार)의 'v'처럼 발음한다.

وار

vaar

वार

위의 단어를 나눠 보면 아래와 같다.

وار	=	ر	+	ا	+	و
vaar		*re*		*alif*		*vaao*
वार		रे		अलिफ़		वाओ

다른 예시"vaajib" (वाजिब)이다.

واجب	=	ب	+	ج	+	ا	+	و
vaajib		*be*		*jiim*		*alif*		*vaao*
वाजिब		बे		जीम		अलिफ़		वाओ

10.4.2 'vaao'가 단어 중간에 올 때

'vaao'는 단어 중간에 올 때 단어의 문맥에 따라 자음 'v'나 모음 'o' 소리가 난다.

"aavaaz" (आवाज़)라는 단어에서 자음으로 쓰인 예를 살펴보자.

آواز

aavaaz

आवाज़

이것을 나눠 보면 아래와 같다.

آواز = ز + ا + و + آ

aavaaz	ze	alif	vaao	alif + madd
आवाज़	ज़े	अलिफ़	वाओ	अलिफ़ + मद

'vaao'가 단어 중간에 와서 자음으로 쓰인 경우인 "javaab" (जवाब)이라는 단어는 아래와 같다.

جواب = ب + ا + و + ج

javaab	be	alif	vaao	jiim
जवाब	बे	अलिफ़	वाओ	जीम

[중요]

한 단계 더 나아가 "javaabo.n" (जवाबों)이라는 단어가 어떻게 쓰였는지 확인해 보자.

جوابوں = ں + و + ب + ا

javaabo.n	nuun Gunna	vaao	be	alif
जवाबों	नून ग़ुन्ना	वाओ	बे	अलिफ़

\+ و + ج

vaao	jiim
वाओ	जीम

이 과를 시작하면서 우리는 'vaao'가 단어 내에서의 위치나 문맥에 따라 자음 혹은 장모음으로 사용될 수 있음을 배웠다. 이것이 여기서 정확히 발생한 것이다.

"javaabo.n"이라는 단어에서 'jiim'과 결합하여 단어 중간에 위치한 첫 번째 'vaao'는 자음 'v'로 사용되었다.

'be'와 결합하여 단어 중간에 위치한 두 번째 'vaao'는 장모음 'o'로 사용되었다.

이것이 "javaabo.n"이라는 단어가 쓰인 방식이다. 여기에는 이렇게 된 어떤 특별한 규칙도 없다. 이것은 어떤 언어에서 특정 단어를 위해 이해하고 기억하기 위해 필요한 유형 중 하나이다. 여기 다른 예시인"aavaazo.n" (आवाज़ों)이 있다.

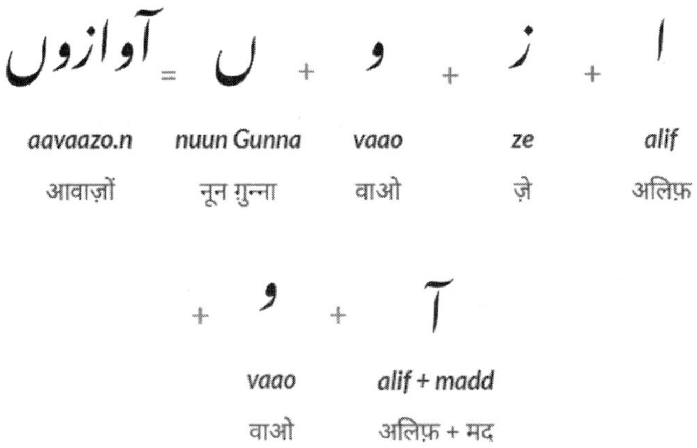

آوازوں	=	ں	+	و	+	ز	+	ا
aavaazo.n		*nuun Gunna*		*vaao*		*ze*		*alif*
आवाज़ों		नून गुन्ना		वाओ		ज़े		अलिफ़

+	و	+	آ
	vaao		*alif + madd*
	वाओ		अलिफ़ + मद

위에 나타나는 양식을 인지하였는가? 아래는 'vaao'가 중간에 와서 "buto.n" (बुतों)의 'o'처럼 사용된 예시이다.

بتوں = ں + و + ت + ب

buto.n	nuun Gunna	vaao	te	be
बुतों	नून ग़ुन्ना	वाओ	ते	बे

[흥미]

'vaao'라는 문자에 대해 단어의 문맥상 우위를 보여주는 또 다른 예를 들어 보자. 아래는 "buuTo.n" (बूटों)이라는 단어이다.

بوٹوں = ں + و + ٹ + و + ب

buuTo.n	nuun Gunna	vaao	Te	vaao	be
बूटों	नून ग़ुन्ना	वाओ	टे	वाओ	बे

"buto.n"이라는 단어에서 'vaao'는 둘 다 단어 중간에 와서 장모음으로 사용되었다. 첫 번째 'vaao'는 'oo' 발음을, 두 번째 'vaao'는 'o' 소리를 낸다. 이 경우 우리가 전에 보았던 "javaabo.n"과는 다소 차이가 있다. 'vaao'가 단어 마지막에 와서 장모음 'o'로 사용된 것을 확실히 알 수 있다.

이제 'vaao'가 단어 마지막에 와서 자음으로 사용된 경우의 예시를 보자.

جزو = و + ز + ج

جزو	و	ز	ج
juzv	vaao	ze	jiim
जुज़्व	वाओ	ज़े	जीम

10.4.3 몇몇 추가 단어들

아래는 이 단원을 정리하면서 주의 깊게 관찰하고 학습해야 하는 몇몇 단어들을 나열한 것이다.

دوروز	دوبار	دیوار	بوٹ
do roz	do baar	diivaar	boat
दो रोज़	दो बार	दीवार	बोट

وار	اوٹ	چوروں	چور
vaar	oT	choro.n	chor
वार	ओट	चोरों	चोर

پوتا	واحد	ڈورا
potaa	vaahid	Doraa
पोता	वाहिद	डोरा

Unit 11

‘chhoTiiye’와 ‘ba.Diiye”

도입

이 과에서는 두 개의 다른 중요한 문자, ‘초띠예’와 ‘바리예’를 학습함으로써 우르두어 모음에 대한 지식을 넓힐 것이다.

ے	ی
ba.Dii ye	*chhoTii ye*
बड़ी ये	छोटी ये

이 두 개의 문자는 세 개의 다른 장모음, 즉 ‘ii’ (ई) , ‘e’ (ए)와 ‘ai’ (ऐ) 그리고 자음 ‘y’ (य) 소리를 내는 데 도움을 준다.

11.1. ‘초띠예’

‘초띠예’는 영어 “eel”, “feet”, “referee” 혹은 힌디 “ईद”, “अमीर”, “अपनी”

에서처럼 모음으로 사용된다.

'초띠예'는 영어 "yellow", "banyan" 혹은 힌디 "याद", "दयार"에서처럼 자음으로 사용된다.

11.2 '바리예'

'바리예'는 영어 "eight", "wake", "away" 혹은 힌디 "एक", "अनेक", "अपने"에서처럼 장모음이 사용된다.

발음 기호 자바르가 있으면, '바리예'는 영어 at", "daddy" 혹은 힌디 "ऐसा", "चैन", "मैं"의 'ai' (ऐ) 소리가 난다.

다음 과에서는 아주 세세하게 위에서 배운 두 문자와 그것들이 쓰여진 몇몇 단어들을 배워볼 것이다.

11.3 '초띠예'의 심화학습

여기서는 '초띠예'에 대해 좀 더 깊이 배울 것이다. 또한 그것들이 어떻게 새로운 단어를 만드는지 볼 것이다.

11.3.1 문장 앞에서 장모음 'ii'로 사용될 때의 '초띠예'

단어 맨 앞에서 장모음 'ii'로 소리 내기 위해서, '초띠예' 앞에는 항상 알리프가 온다. 이것은 Unit 10에서 'vaao'가 'o' 소리를 낼 때 우리가 본 것과 비슷하다. 아래는 장모음 'ii'로 사용된 예시이다.

ii

ई

짐작했듯이, 알리프 밑에는 발음 기호가 표시되지 않은 제르가 있다. 제르는 '초띠예'와 결합해 장모음 'ii' 음가를 지닌다.

[중요]

'초띠예'는 다음 문자와 연결되는 문자이다. 이어지는 다른 문자와 결합 시에 '초띠예'는 모양이 변하고 아래와 같은 단축형을 취한다.

그러므로 위에서 본 두 개의 규칙을 사용하여 "희생"이라는 의미를 지닌 "iisaar" (ईसार)라는 단어는 아래처럼 표기할 수 있다.

iisaar

ईसार

어떻게 이렇게 되는지에 대해 완벽한 설명을 하기 전에 아래 나눠 놓은 것을 확인해 보자.

ایثار	=	ر	+	ا	+	ث	+	ی	+	ا
iisaar		*re*		*alif*		*se*		*chhoTii ye*		*alif*
ईसार		रे		अलिफ़		से		छोटी ये		अलिफ़

혹은 더 정확하게 한다면,

ایثار	=	ر	+	ا	+	ث	+	ﯿ	+	ا
iisaar		*re*		*alif*		*se*		*chhoTii ye*		*alif*
ईसार		रे		अलिफ़		से		छोटी ये		अलिफ़

아래는 “ii.nT” (ईंट) 라는 단어가 쓰인 예시이다.

اینٹ

ii.nT

ईंट

어떻게 이렇게 되는지에 대해 완벽한 설명을 하기 전에 아래 나눠 놓은 것을 확인해 보자.

اینٹ	=	ٹ	+	ں	+	ی	+	ا
ii.nT		*Te*		*nuun Gunna*		*chhoTii ye*		*alif*
ईंट		टे		नून ग़ुन्ना		छोटी ये		अलिफ़

혹은 더 정확히 한다면,

اینٹ	=	ٹ	+	ں	+	ی	+	ا
ii.nT		*Te*		*nuun Gunna*		*chhoTii ye*		*alif*
ईंट		टे		नून ग़ुन्ना		छोटी ये		अलिफ़

비슷하게, "iijaad" (ईजाद)라는 단어를 살펴보자.

ایجاد	=	د	+	ا	+	ج	+	ی	+	ا
iijaad		*daal*		*alif*		*jiim*		*chhoTii ye*		*alif*
ईजाद		दाल		अलिफ़		जीम		छोटी ये		अलिफ़

[흥미]

위의 예에서 '초띠예'가 'jiim'과 연결될 때 약간 다른 단축형을 취한다는 것을 인지했을 것이다.

이것은 'be' 그룹 문자들이 'jiim' 그룹 문자들과 결합 시 보이는 단축형과 다소 유사하다.

11.4 단어 중간에 와서 장모음 'ii'로 사용되는 '초띠예'

단어 중간에 오는 '초띠예'는 위에서 본 것처럼 비슷한 규칙을 따른다. 이 경우에만 알리프는 '초띠예' 앞에 오는 자음으로 대체할 수 있다. "biin" (बीन)이라는 단어의 예를 들어 보자.

بین

biin

बीन

위 단어를 나눠 보면 아래와 같다.

بین	=	ن	+	ی	+	ب
biin		*nuun*		*chhoTii ye*		*be*
बीन		नून		छोटी ये		बे

비슷한 예시로 "piina" (पीना)라는 단어가 있다.

پینا	=	ا	+	ن	+	ی	+	پ
piina		*alif*		*nuun*		*chhoTii ye*		*pe*
पीना		अलिफ़		नून		छोटी ये		पे

또 다른 예시로 "biitna" (बीतना)라는 단어가 있다.

بیتنا = ا + ن + ت + ی + ب

biitnaa	alif	nuun	te	chhoTii ye	be
बीतना	अलिफ़	नून	ते	छोटी ये	बे

11.4.1 단어 마지막에 와서 장모음 'ii'로 사용되는 '초띠예'

단어 마지막에서 '초띠예'는 단축형을 사용하지 않는다. 이것은 다른 연결 문자의 경우와 비슷하다. "chaabii" (चाबी)라는 단어를 가지고 그 예시를 살펴보자.

چابی

chaabii

चाबी

이것을 나눠 보면 아래와 같다.

چابی = ی + ب + ا + چ

chaabii	chhoTii ye	be	alif	che
चाबी	छोटी ये	बे	अलिफ़	चे

[흥미]

'be'의 새로운 단축형을 인지하였는가?

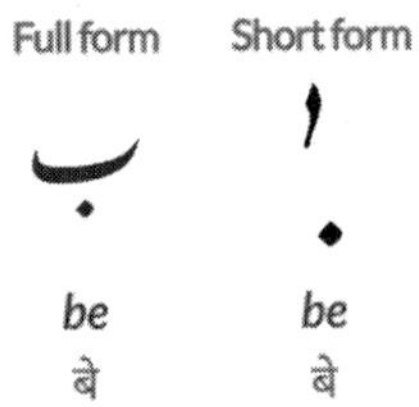

바로 뒤에 예를 들 것이니 이 점을 기억하라. 우리는 더 많은 다양한 단축형을 다음 과에서 배울 것이다. 우리는 그 과에서 지금까지 배웠던 모든 그룹 문자들을 볼 수 있을 것이다.

"daadii" (दादी) 라는 단어를 사용하여 '초띠예'가 마지막에 오는 다른 예시를 살펴보자.

دادی	=	ی	+	د	+	ا	+	د
daadii		*chhoTii ye*		*daal*		*alif*		*daal*
दादी		छोटी ये		दाल		अलिफ़		दाल

이번에는 "paapii" (पापी) 라는 단어를 살펴보자.

پاپی	=	ی	+	پ	+	ا	+	پ
paapii		*chhoTii ye*		*pe*		*alif*		*pe*
पापी		छोटी ये		पे		अलिफ़		पे

11.4.2 단어 처음에 와서 자음 'y'로 사용되는 '초띠예'

우리가 전에 본 'vaao'의 경우처럼 '초띠예'도 문맥에 따라 단어 맨앞이나 중간의 위치에서 자음으로 사용된다. "yaad" (याद)라는 단어를 가지고 예를 들어보자.

یاد

yaad

याद

위에 언급한 단어 "yaad"에서 다음과 같은 점을 인지할 수 있다.

1. 단어 맨 앞이나 다른 문자와 연결되는 '초띠예'는 알리프와 결합 시 단축형을 취한다.
2. '초띠예'는 알리프 앞 혹은 다른 자음 앞에 놓을 수 없고 스스로 자음 'y'로 발음된다.

아래는 "yaad"를 나눠 놓은 것이다.

یاد	=	د	+	ا	+	ی
yaad		*daal*		*alif*		*chhoTii ye*
याद		दाल		अलिफ़		छोटी ये

비슷하게, "yaar" (यार)라는 단어를 참고하라.

يار	=	ر	+	ا	+	ی
yaar		*re*		*alif*		*chhoTii ye*
यार		रे		अलिफ़		छोटी ये

11.4.3 단어 중간에 와서 자음 'y'로 사용되는 '초띠예'

단어가 쓰이는 특수한 방식에 따라, '초띠예'는 단어의 중간에 올 때조차 'y' 소리를 낸다. 예를 들면 "pyaar" (प्यार)와 같은 단어가 그러하다.

پیار

pyaar

प्यार

이것을 나눠보면 아래와 같다.

پیار	=	ر	+	ا	+	ی	+	پ
pyaar		*re*		*alif*		*chhoTii ye*		*pe*
प्यार		रे		अलिफ़		छोटी ये		पे

비슷한 방식으로, "dayaar" (दयार)라는 단어를 참고하라.

دیار	=	ر	+	ا	+	ی	+	د
dayaar		*re*		*alif*		*chhoTii ye*		*daal*
दयार		रे		अलिफ़		छोटी ये		दाल

11.5 몇몇 추가 단어들

아래는 이 단원을 정리하면서 주의 깊게 관찰하고 학습해야 하는 몇몇 단어들을 나열한 것이다.

11.6 '바리예'의 심화 학습

'초띠예'와 비슷한 방식으로 '바리예'를 살펴보자. 그리고 어떻게 'e'와 'ai' 소리를 내는지 살펴보자.

11.6.1 단어 처음에 와서 'e'로써 사용되는 '바리예'

단어 처음에 와서 장모음 'e' 소리를 내기 위해 '바리예' 앞에는 항상 알리프가 온다. 이것은 전에 보았던 '초띠예'의 경우와 비슷하다. 아래는 독립된 형태로써 장모음 'e'가 어떻게 쓰였는지를 보여주고 있다.

'바리예'는 결합이 가능한 문자이다. 그러므로 그 앞에 다른 문자와 결합 시에 모양이 변하며 아래처럼 단축형을 취한다.

[중요]

'초띠예'와 '바리예'가 단어의 맨 앞이나 중간에 위치했을 때, 원칙적으로 위에서 본 것처럼 동일한 단축형을 취한다.

그러므로,

아마 처음에는 이 점이 다소 혼란스러울 수 있으나 다음의 예를 보면 그 의문이 풀릴 것이다. 아래 "e.D"(एड़)라는 단어를 살펴보자.

ایڑ

e.D

एड़

일반적으로 이것을 나눠 보면 아래와 같다.

ایڑ	=	ڑ	+	ے	+	ا
e.D		*.De*		*ba.Dii ye*		*alif*
एड़		ड़े		बड़ी ये		अलिफ़

혹은 더 정확하게 표현한다면,

ایڑ	=	ڑ	+	ێ	+	ا
e.D		*.De*		*baḌii ye*		*alif*
एड़		ड़े		बड़ी ये		अलिफ़

[중요]

우리는 지금까지 반복적으로 다음과 같은 점을 지적하였다. 우르두어에서 발음 기호는 표시되지 않고 쓰기에서도 드러내지 않는 것이 일반적인 관행이다. 이처럼 발음 기호의 부재 시에 위에 있는 단어를 "ii.D" (ईड़)로 읽을 수 있다. 그러나 단어가 쓰인 문맥이 명확하지 않기 때문에 그렇게 읽는 것이 잘못된 것은 아니다.

그러나 이 언어에 점점 더 유창해질수록 이러한 단어의 문맥은 점차 명확해질 것이다. 그러므로 위 단어를 “ii.D” (ईड़)가 아닌 “e.D” (एड़)로 읽어야 함을 더 잘 알 수 있게 될 것이다.

또한 이전에 보았듯이 기술적으로 “ii.D” (ईड़)라는 단어를 쓸 때 알리프 밑에 제르를 붙여야 한다.

ایڑ vs ایڑ

ii.D *e.D*

ईड़ एड़

이제 이 중요한 정보를 참고로 해서 조금 더 배워보자.

11.6.2 단어 중간에 와서 ‘e’로써 사용되는 ‘바리예’

‘바리예’가 단어의 중간에 올 때 우리가 위에서 보았던 비슷한 규칙을 따른다. 그러나 이 경우에 알리프는 ‘바리예’ 앞에 오는 자음으로 대체된다. “ber” (बेर)라는 단어를 가지고 예를 들어 보자.

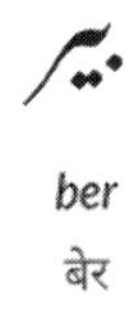

ber

बेर

이 단어를 나눠 보면 아래와 같다.

بیر = ر + ے + ب

ber	re	ba.Dii ye	be
बेर	रे	बड़ी ये	बे

비슷하게 "pe.D" (पेड़)라는 단어를 살펴보자.

پیڑ = ڑ + ے + پ

pe.D	.De	ba.Dii ye	pe
पेड़	ड़े	बड़ी ये	पे

11.6.3 단어 마지막에 와서 'e'로써 사용되는 '바리예'

단어 마지막에 오는 '바리예'가 단축형을 사용하지 않을 때는 우리가 보았듯이 다른 연결 문자와 결합한다. 매우 간단한 단어인 "pe" (पे)에서 그 예를 찾아보자.

pe
पे

위에서 본 예는 "위에/너머"를 의미하는 "pe" (पे)라는 단어인데 우르두어 알파벳인 'pe'는 아니다. 아래는 그 단어를 나눠 놓은 것이다.

پے = ے + پ

pe *ba.Dii ye* *pe*

पे बड़ी ये पे

[흥미]

'pe'의 새로운 단축형을 인지했을 것이다.

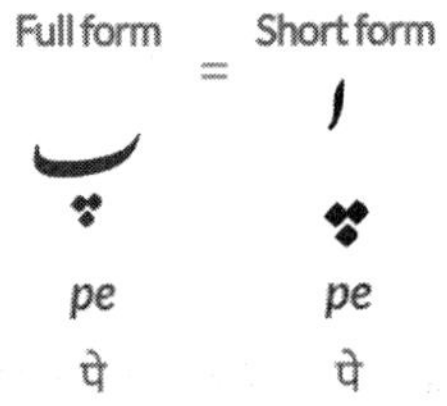

Full form = Short form

پ پ

pe *pe*

पे पे

이 단축형이 다음 과에서 나올 때까지 이것을 기억하라. 비슷한 방식으로 "ne" (ने)라는 단어를 살펴보자.

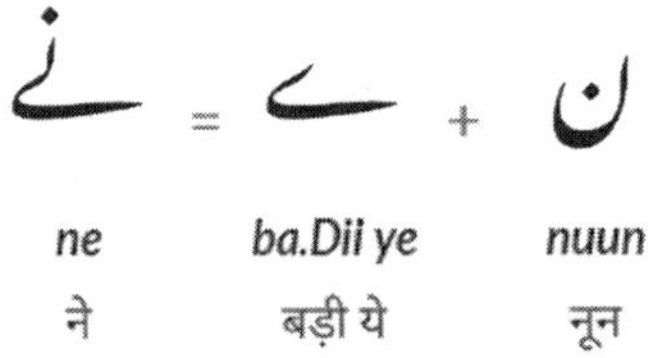

نے = ے + ن

ne *ba.Dii ye* *nuun*

ने बड़ी ये नून

이번에는 모두 연결 문자가 아닌 것으로 구성된 "are" (अरे)라는 단어를 살펴보자.

ارے = ے + ر + ا

are	ba.Dii ye	re	alif
अरे	बड़ी ये	रे	अलिफ़

다른 단어 "parche" (पर्चे)를 살펴보자.

پرچے = ے + چ + ر + پ

parche	ba.Dii ye	che	re	pe
पर्चे	बड़ी ये	चे	रे	पे

11.6.4 단어 처음에 와서 'ai'로써 사용되는 '바리예'

여기서는 어떻게 '바리예'가 단어 맨 앞에서 모음 'ai' (ऐ) 소리를 내는지 살펴보자. '바리예' 앞에는 반드시 알리프가 와야 하고 알리프 위에는 자바르가 붙어야 한다. 이 점을 좀 더 명확히 하기 위해 아래에서 독립된 형태로 모음 'ai'를 보라.

اَے

ai

ऐ

단어 맨 앞에서 모음 'ai'로 발음 나는 단어 "airaa" (ऐरा)가 있다.

آیرا

airaa
ऐरा

11.6.5 단어 중간에 와서 'ai'로써 사용되는 '바리예'

단어 중간에 와서 '바리예'는 우리가 위에서 보았던 동일한 규칙을 따른다. 알리프는 '바리예' 앞에 선행하는 자음으로 대체되고 그 위에 자바르가 붙는다. "bair" (बैर)라는 단어로 예를 들어보자.

بَیر

bair
बैर

잠시 "ber" (बेर)와 "bair" (बैर), 두 단어를 비교해 보자.

بَیر	vs	بیر
bair		*ber*
बैर		बेर

다음은 "dair" (दैर)라고 하는 다른 단어이다.

دَیر	=	ر	+	ے	+	َ	+	د
dair		*re*		*ba.Dii ye*		*zabar*		*daal*
दैर		रे		बड़ी ये		ज़बर		पे

"nainaa" (नैना)라고 하는 단어를 하나 더 살펴보자.

نینَا	=	ا	+	ن	+	ے	+	َ	+	ن
nainaa		*alif*		*nuun*		*ba.Dii ye*		*zabar*		*nuun*
नैना		अलिफ़		नून		बड़ी ये		ज़बर		नून

11.6.6 단어 마지막에 와서 'ai'로써 사용되는 '바리예'

우리가 이전 과에서 배운 규칙을 따르면서, 단어 마지막에는 원형의 '바리예'가 사용되고 그것 앞에 오는 자음 위에 자바르를 붙인다. 아래는 "jai" (जय)라는 단어이다.

جَے

jai

जय

아주 간단히 이 단어를 나눠 보면 아래와 같다.

جَے	=	ے	+	َ	+	ج
jai		*ba.Dii ye*		*zabar*		*jiim*
जय		बड़ी ये		ज़बर		जीम

11.6.7 몇몇 추가 단어들

아래는 '초띠예' 와 '바리예'가 들어간, 학습해야 할 몇몇 단어들이다.

بیٹا	پیڑا	ریت	پیٹ
beTaa	*peDaa*	*ret*	*peT*
बेटा	पेड़ा	रेत	पेट

پیچ	نیتا	جیب	بیٹی
pech	*netaa*	*jeb*	*beTii*
पेच	नेता	जेब	बेटी

دیو	جیٹھ	زیبا	بیچنا
dev	*jeTh*	*zebaa*	*bechnaa*
देव	जेठ	ज़ेबा	बेचना

اَرے	تیور	اندھیرا	دیور
are	*tevar*	*a.ndheraa*	*devar*
अरे	तेवर	अँधेरा	देवर

چڑھے	پَرے	بَڑے	جاڑے
cha.Dhe	*pare*	*ba.De*	*jaa.De*
चढ़े	परे	बड़े	जाड़े

پِٹے	نے	جاتے	آتے
piTe	*ne*	*jaate*	*aate*
पिटे	ने	जाते	आते
یاد	یاتری	جے	بَنے
yaad	*yaatrii*	*je*	*bane*
याद	यत्री	जे	बने
پیار	بیان	یونٹ	یاری
pyaar	*bayaan*	*unit*	*yaarii*
प्यार	बयान	यूनिट	यारी
نَیا	دِیا	دُنیا	بُنیاد
nayaa	*diyaa*	*duniyaa*	*buniyaad*
नया	दिया	दुनिया	बुनियाद
دَھنیا	زِیاں	نِیارا	دَیار
dhaniyaa	*ziyaa.n*	*nyaaraa*	*dayaar*
धनिया	ज़ियाँ	न्यारा	दयार

آیا	دِھیان	پَنجایَت

panchaayat	*dhyaan*	*aayaa*

पंचायत	ध्यान	आया

Unit 12
'초띠헤'

도입

이 과에서는 자음과 모음, 둘 다 사용되는 아주 중요한 문자인 '초띠헤'를 살펴볼 것이다.

ہ

chhoTii he
छोटी हे

'초띠헤'는 영어 "hat", "mayhem", "oh" 혹은 힌디 "हम", "कहना", "वाह"의 'h'(ㅎ) 소리가 난다.

[흥미]
우르두어에는 두 개의 확실한 'h' 소리가 있음을 지금쯤 인지하였을 것이다. 하나는 'jiim' 그룹에 속하는 'he'이고 다른 하나는 이 과에서 소개한 '초띠헤'이다.

'jiim' 그룹 문자 중 하나인 'he'는 단지 아랍어 기원의 단어만을 표기하는데 사용한다는 점을 기억하는 것은 중요하다.

기억을 상기시키기 위해 아래에 비교가 있다.

ح vs ه

he	chhoTii he
हे	छोटी हे

다음 과에서는 '초띠헤'로 만들 수 있는 단어들을 살펴보자.

12.1 '단어 형성 – XIII'

연결 문자

'초띠헤'는 연결 문자이며 우리가 지금까지 배워온 다른 연결 문자처럼 결합 시 동일한 규칙을 따른다.

12.1.1 단어의 맨 앞에서

단어 맨 앞에 올 때 '초띠헤'의 단축형에 주목하라. 아래는 알리프가 어떻게 그것과 연결되는가를 보여주고 있다.

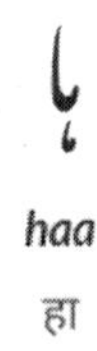

haa

हा

'초띠헤'가 단어 맨 앞에서 단축형으로 올 때 원형과의 차이점을 인지하였는가? 아래는 그 비교이다.

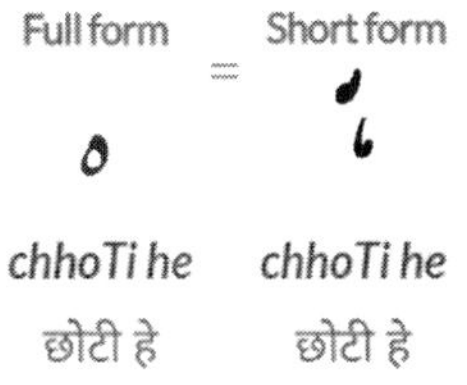

Full form	=	Short form
ہ		ﮨ
chhoTi he		*chhoTi he*
छोटी हे		छोटी हे

'haa'라는 단어를 나눠 보면 아래와 같다.

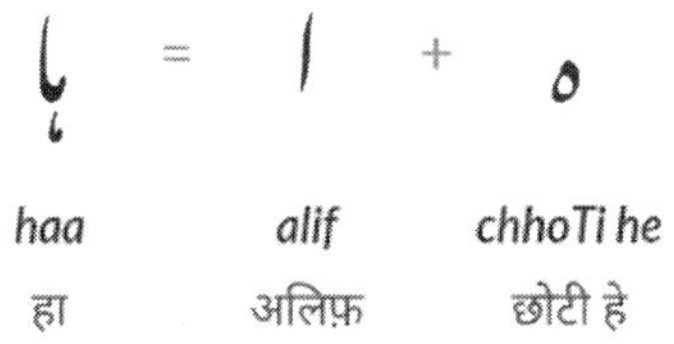

ہا	=	ا	+	ہ
haa		*alif*		*chhoTi he*
हा		अलिफ़		छोटी हे

단축형으로 하면 아래와 같다.

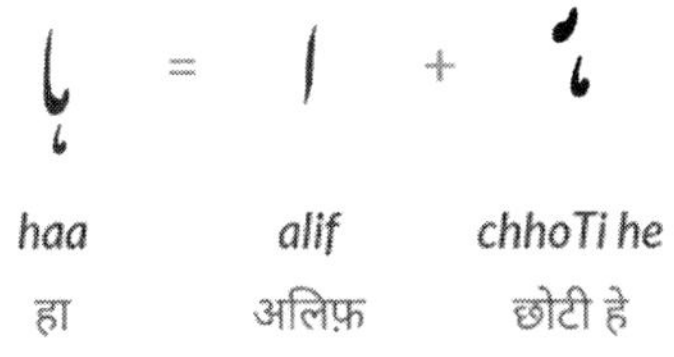

ہا	=	ا	+	ﮨ
haa		*alif*		*chhoTi he*
हा		अलिफ़		छोटी हे

위에 're'를 덧붙여 "목걸이/패배/손실"이라는 의미의"haar" (हार)라는 단어를 살펴보자.

ہار = ر + ا + ہ

haar	re	alif	chhoTi he
हार	रे	अलिफ़	छोटी हे

이제 '초띠헤'가 다른 자음과 어떻게 결합하는지 살펴보자. 아래는 "~로부터 움직임"라는 의미의 "haT" (हट)라는 단어이다.

ہٹ = ٹ + ہ

haT	Te	chhoTi he
हट	टे	छोटी हे

한 단계 더 나아가, "움직이다"라는 의미의 "haTnaa" (हटना)라는 단어를 살펴보자.

ہٹنا = ا + ن + ٹ + ہ

haTnaa	alif	nuun	Te	chhoTi he
हटना	अलिफ़	नून	टे	छोटी हे

12.1.2 단어의 중간에 올 때

'초띠헤'가 단어의 중간에 올 때 단축형을 확인하기 위해서 "입다"라는 의미의 "pahan" (पहन)이라는 단어를 살펴보자.

پہن	=	ن	+	ہ	+	پ
pahan		*nuun*		*chhoTi he*		*pe*
पहन		नून		छोटी हे		पे

아래 "pahan" 이라는 단어에서 '초띠헤'가 단어 중간에 올 때의 단축형을 확인할 수 있다.

Full form		Short form
ہ	=	ﮩ
chhoTi he		*chhoTi he*
छोटी हे		छोटी हे

아래는 'pahan'이라는 단어의 단축형에 대한 표기이다.

پہن	=	ن	+	ﮩ	+	پ
pahan		*nuun*		*chhoTi he*		*pe*
पहन		नून		छोटी हे		पे

비슷하게 "나뭇가지"를 의미하는 단어 "Tahnii" (टहनी)를 살펴보자.

ٹہنی	=	ی	+	ن	+	ہ	+	ٹ
Tahnii		*chhoTi ye*		*nuun*		*chhoTi he*		*Te*
टहनी		छोटी ये		नून		छोटी हे		टे

12.1.3 단어의 마지막에 올 때

단어의 마지막에 올 때 '초띠헤'는 자신 앞에 오는 문자에 따라 연결 문자/비연결 문자/독립 문자의 형태를 취할 수 있다. 예를 들어, "흐름"이라는 단어 "bah" (बह)에서 '초띠헤'는 연결 문자인 'be'로 인해 연결 형태를 취한다.

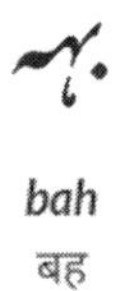

bah
बह

단어 마지막에 올 때, 아래 "bah"라는 단어에서 '초띠헤'의 연결 형태를 볼 수 있다.

Full form	=	Short form
ہ		ـہ
chhoTi he		*chhoTi he*
छोटी हे		छोटी हे

아래는 "bah"를 나눠 놓은 것이다.

بہ	=	ہ	+	ب
bah		*chhoTi he*		*be*
बह		छोटी हे		बे

"길"이라는 의미의 "raah" (राह)라는 단어에서 비연결 문자로서 단어

마지막에 오는 '초띠헤'를 살펴보자.

	=	ہ	+	ا	+	ر
raah		*chhoTi he*		*alif*		*re*
राह		छोटी हे		अलिफ़		रे

아래는 "지속"이라는 의미의 "nibaah" (निबाह)라는 단어이다.

	=	ہ	+	ا	+	ب	+	ن
nibaah		*chhoTi he*		*alif*		*be*		*nuun*
निबाह		छोटी हे		अलिफ़		बे		नून

12.1.4 몇몇 추가 단어들

아래는 '초띠헤'가 들어간 몇몇 단어들이다.

ہیں	ہے	ہَوا	ہَنٹَر
hai.n	**hai**	**havaa**	**hunter**
हैं	है	हवा	हंटर
ٹہنی	باہر	ہونٹ	ہوں
Tahnii	**baahar**	**ho.nT**	**huu.n**
टहनी	बाहर	होंट	हूँ
نہر	پہننا	بَہن	بہنا
nahar	**pahannaa**	**bahan**	**bahnaa**
नहर	पहन्ना	बहन	बहना
یہاں	جہاں	بہار	بہتَر
yahaa.n	**jahaa.n**	**bahaar**	**behtar**
यहाँ	जहाँ	बहार	बेहतर
پہچان	یَہیں	پہاڑ	وہاں
pahchaan	**yahii.n**	**pahaa.D**	**vahaa.n**
पहचान	यहीं	पहाड़	वहाँ

ذہن	رہنا	چہچہاہٹ	چہچہانا
zehn	*rahnaa*	*chahchahaahaT*	*chahchahaanaa*
ज़ेहन	रहना	चहचहाहट	चहचहाना

ذہین

zahiin

ज़हीन

12.2 '초띠헤' 심화 학습

모음으로서 '초띠헤'는 매우 흥미로운 문자인데 왜냐하면 몇몇 단어 마지막에서 모음 'a' (अ)나 'e' (ए)로 사용되기 때문이다. 아래에서 두 가지 경우에 대해 조금 더 자세히 살펴보기로 하자.

12.2.1 모음으로서 'e'

'초띠헤'가 모음 'e'로 어떻게 사용되었는지 보기 위해서 "~와/과 함께"라는 의미의 "be" (बे)라고 하는 단어를 살펴보자.

be

बे

아래 비교에서 제시한 것처럼 여기서 '초띠헤'의 모음 표기 단축형을 인지하였는가?

Full form Short form

=

chhoTi he *chhoTi he*

छोटी हे छोटी हे

[중요]

여기 명시된 '초띠헤'의 형태에 주목하라. 이 단축형은 '초띠헤'가 여기에서 모음으로 사용되었음을 알려주고 있으며 그것이 자음으로 사용되었을 때와는 다르다는 것을 보여주고 있다.

아래는 '초띠헤'의 자음과 모음 표기 형태를 비교해 놓은 것이다.

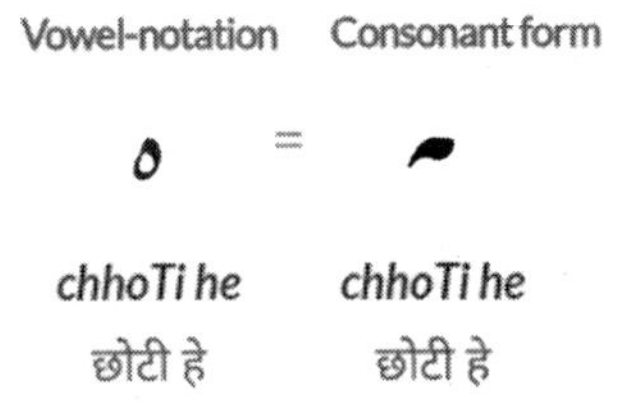

그러므로 위의 규칙을 따른다면 "bah" (बह) 와 "be" (बे)를 아래처럼 비교할 수 있을 것이다.

بے vs بہ

be *bah*

बे बह

비슷하게, "이것/이것들"을 의미하는 "ye" (ये)를 가지고 예를 들어 보자.

یہ = ہ + ی

ye *chhoTii he* *chhoTii ye*

ये छोटी हे छोटी ये

단축형으로는,

یہ = ـہ + یـ

ye *chhoTi he* *chhoTi ye*

ये छोटी हे छोटी ये

12.2.2 모음 'a'로써

'초띠헤'가 어떻게 모음 'a'(अ)로 사용되는지 "물레"라는 의미의 단어 "charKHa" (चर्ख़ा)를 가지고 예를 들어 보자.

چرخہ = ہ + خ + ر + چ

charKHa *chhoTii he* *KHe* *re* *che*

चर्ख़ा छोटी हे ख़े रे चे

위 "charKHa" (चर्ख़ा)라는 단어에서 우리는 '초띠헤'의 모음표기를 볼 수 있다. "외국의/외부의"라는 의미를 지닌 단어"KHaarija" (ख़ारिजा)에서도 확인할 수 있다.

خارجہ	=	ہ	+	ج	+	ر	+	ا	+	خ
KHaarija		*chhoTii he*		*jiim*		*re*		*alif*		*KHe*
ख़ारिजा		छोटी हे		जीम		रे		अलिफ़		ख़े

12.2.3 몇몇 추가 단어들

아래는 배워야 할 몇몇 단어들이다.

چاہ	راہ	واہ	آہ
chaah	*raah*	*vaah*	*aah*
चाह	राह	वाह	आह

تَنبیہ	تَہہ	تَباہ	بِیاہ
tambiih	*tah*	*tabaah*	*byaah*
तम्बीह	तह	तबाह	ब्याह

Unit 13

'siin' 그룹

도입

이 과에서는 'siin' 그룹 문자들을 배울 것이다. 'siin' 그룹에는 두 개의 문자가 있다. 아래에 있는 'siin' 과 'shiin'이 그것이다.

위에서 보듯이, 이 두 문자는 'siin'의 기본형을 공유한다. 'shiin'의 모양은 'siin'문자가 시작되는 바로 위에 세 개의 점을 덧붙인 형태이다.

13.1 'siin'

'siin'은 영어 "soap", "snake", "grass" 혹은 힌디 "साथी", "आसान", "बीस"

의 'ѕ' (स)처럼 발음한다.

13.2 'shiin'

'shiin'은 영어 "shark", "mushroom", "cash" 혹은 힌디 "शादी", "निशान", "ताश"의 'sh' (श)처럼 발음한다. 이 문자들로 조합할 수 있는 새로운 단어에는 무엇이 있는지 살펴보자.

13.3 '단어 형성 – XIV'

'siin' 과 'shiin'은 연결 문자이다. 우리가 지금까지 배웠던 다른 연결 문자와 동일한 규칙을 따른다.

13.3.1 단어 맨 앞에 올 때

이 문자들이 단어 맨 앞에 올 때 취하는 단축형을 살펴보자. 이것을 위해 예로써 "saa" (सा)라는 단어가 아래에서 어떻게 쓰였는지를 보자.

saa

सा

연결 문자로서 'siin' 그룹 문자들은 다른 문자들과 결합 시 그 모양이 바뀌는데 다음과 같은 단축형을 취한다.

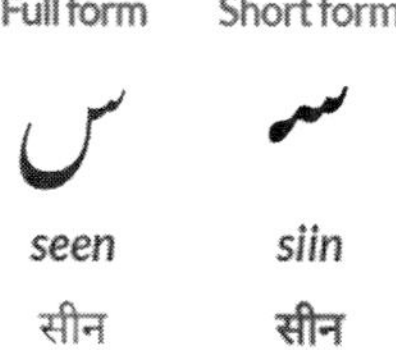

그러므로, 위에 쓰인 'saa'를 나눠 보면 아래와 같다.

سا = ا + س

saa alif siin

सा अलिफ़ सीन

기본적으로는 아래와 같다.

سا = ا + سـ

saa alif siin

सा अलिफ़ सीन

매우 자주 사용되는 두 개의 단어 "sab" (सब)과 "shab" (शब)은 아래와 같다.

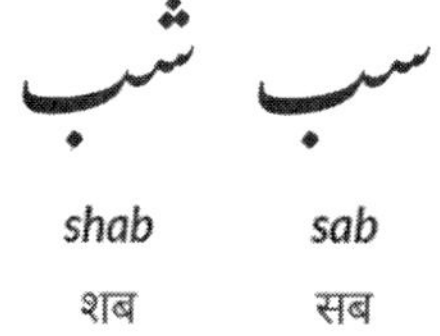

'be'와 결합 시 'siin'의 단축형이 미세하게 차이 나는 것을 아래에서 확인할 수 있다.

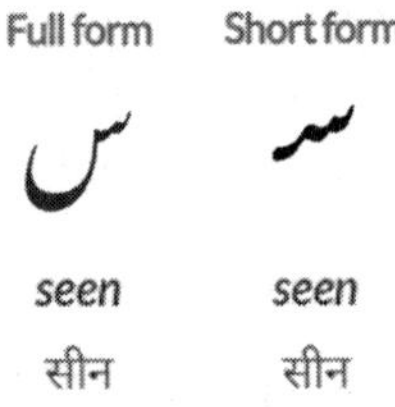

다음으로 'shab'이라는 단어가 어떻게 형성되는지 나눠 보면 아래와 같다.

شب = ب + ش

shab be shiin

शब बे शीन

아래는 'shiin'의 단축형이다.

شب = ب + شـ

shab be sheen

शब बे शीन

아래는 "sii" (सी)라는 간단한 단어인데 '초띠예'와 'siin'이 어떻게 같이 쓰였는지를 보여주고 있다.

سی = ی + س

sii	chhoTii ye	siin
सी	छोटी ये	सीन

아래는 “se” (से)라는 단어인데 ‘바리예’와 ‘siin’이 어떻게 같이 쓰였는지를 보여주고 있다.

سے = ے + س

se	ba.Dii ye	siin
से	बड़ी ये	सीन

다음 과로 넘어가기 전에 더 많은 예시를 보도록 하자. 아래는 “saat” (सात)라는 단어이다.

سات = ت + ا + س

saat	te	alif	siin
सात	ते	अलिफ़	सीन

아래는 다른 예인 “sher” (शेर)이다.

شیر = ر + ے + ش

sher	re	ba.Dii ye	shiin
शेर	रे	बड़ी ये	शीन

하나 더 보자. "sharaarat" (शरारत)이다.

شرارت	=	ت	+	ر	+	ا	+	ر	+	ش
sharaarat		*te*		*re*		*alif*		*re*		*shiin*
शरारत		ते		रे		अलिफ़		रे		शीन

13.3.2 단어 중간에 올 때

단어 중간에 올 때 'siin' 그룹 문자들의 단축형은 약간 변한다. 아래 "bashar" (बशर)라는 단어에서 그것을 확인해 보자.

بشر

bashar

बशर

중간에 올 때의 단축형을 아래 비교에서 확인해 보자.

Full form	Short form
ش	شـ
sheen	*shiin*
शीन	शीन

"bashar"라는 단어를 나눠 보면 아래와 같다.

بشر	=	ر	+	ش	+	ب
bashar		*re*		*shiin*		*be*
बशर		रे		शीन		बे

조금 더 세분화하면 아래와 같다.

بشر	=	ر	+	شـ	+	ب
bashar		*re*		*shiin*		*be*
बशर		रे		शीन		बे

비슷하게, "jast" (जस्त)라는 단어를 살펴보자.

جست	=	ت	+	س	+	ج
jast		*te*		*siin*		*jiim*
जस्त		ते		सीन		जीम

[흥미]

"jast"라는 단어에서 우리가 이전 단원에서 배웠던 'siin'의 단축형이 약간 변한 것을 인지할 수 있을 것이다. 'be' 그룹 문자 중에서 'te'와 결합 시 이처럼 약간 변한다.

아래 "hasrat" (हसरत)라는 단어를 보자.

حسرت	=	ت	+	ر	+	س	+	ح
hasrat		*te*		*re*		*siin*		*he*
हसरत		ते		रे		सीन		हे

13.3.3 단어 마지막에 올 때

우르두어 문자의 일반적인 관례처럼, 단어 마지막에 올 때 'siin'과 'shiin'은 모양이 변하지 않는다. 아래는 "aas" (आस)라는 단어이다.

آس

aas

आस

한 단계 더 나아가 "raas" (रास)라는 단어를 보자.

راس	=	س	+	ا	+	ر
raas		*siin*		*alif*		*re*
रास		सीन		अलिफ़		रे

조금 더 연결된 형태인 "pesh" (पेश)라는 단어를 보자.

پیش	=	ش	+	ے	+	پ
pesh		*shiin*		*ba.Dii ye*		*pe*
पेश		शीन		बड़ी ये		पे

아래는 다른 예시인 "baarish" (बारिश)이다.

بارش	=	ش	+	ر	+	ا	+	ب
baarish		*shiin*		*re*		*alif*		*be*
बारिश		शीन		रे		अलिफ़		बे

13.3.4 몇몇 추가 단어들

아래는 몇몇 추가 단어들이다.

سُجھانا	سَجانا	سَتانا	سَب
sujhaanaa	*sajaanaa*	*sataanaa*	*sab*
सुझाना	सजाना	सताना	सब
سَوار	سَزا	سُدھارنا	سَدا
savaar	*sazaa*	*sudhaarnaa*	*sadaa*
सवार	सज़ा	सुधारना	सदा
سیدھا	سیکھ	سیٹھ	سیب
siidhaa	*siiKH*	*seTh*	*seb*
सीधा	सीख़	सेठ	सेब

سخاوت	سود	سوراخ	سیر
saKHaavat	suud	suuraaKH	sair
सख़ावत	सूद	सूराख़	सैर
شان	سورج	سیرت	سخی
shaan	suuraj	siirat	saKHii
शान	सूरज	सीरत	सख़ी
شَربَت	شور	شَراب	شَباب
sharbat	shor	sharaab	shabaab
शरबत	शोर	शराब	शबाब
شیخ	شَریر	شَرارَت	شَدید
shaiKH	shariir	sharaarat	shadiid
शैख़	शरीर	शरारत	शदीद
شوخ	شیخی	شایَد	شیدا
shoKH	sheKHii	shaayad	shaidaa
शोख़	शेख़ी	शायद	शैदा

جَست	تَرَسنا	بَرَسنا	آسان
jast	*tarasnaa*	*barasnaa*	*aasaan*
जस्त	तरसना	बरसना	आसान
بَرسات	دَستہ	دُرُست	چُست
barsaat	*dasta*	*durust*	*chust*
बरसात	दस्ता	दुरुस्त	चुस्त
سُستی	سُست	حَسرَت	اِنسان
sustii	*sust*	*hasrat*	*insaan*
सुस्ती	सुस्त	हसरत	इंसान
تَسبیح	پَستی	بَستی	سَستا
tasbiih	*pastii*	*bastii*	*sastaa*
तस्बीह	पस्ती	बस्ती	सस्ता
بشیر	نِشان	نِراشا	آشا
bashiir	*nishaan*	*niraashaa*	*aashaa*
बशीर	निशान	निराशा	आशा

دَرشن	دَشت	اِنشا	جَشن
darshan	dasht	inshaa	jashn
दर्शन	दश्त	इंशा	जश्न
جَرَس	پاس	شیشہ	شَشی
jaras	paas	shiisha	shashii
जरस	पास	शीशा	शशी
احساس	دَس	داس	بَرَس
ehsaas	das	daas	baras
एहसास	दस	दास	बरस
دھونس	دھانس	بھینس	دیس
dho.ns	dhaa.ns	bhai.ns	des
धोंस	धाँस	बैंस	देस
خَراش	تاش	جاسوس	جِنس
KHaraash	taash	jaasuus	jins
ख़राश	ताश	जासूस	जिंस

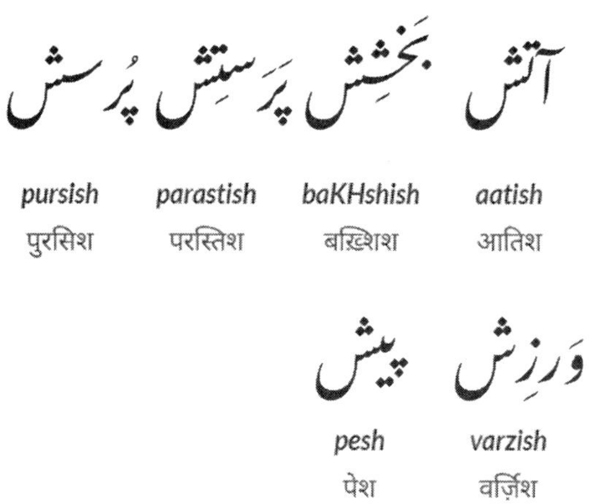

13.4 ‘tashdeed’

우르두어의 또 다른 특별한 기호인 ‘tashdeed’를 학습해 보자.

ّ

tashdiid

तश्दीद

이것은 한 단어에서 해당 문자를 두 번 발음하라는 표시이다. 같은 문자를 두 번 적는 대신에 소리를 내야 하는 문자 위에 ‘tashdeed’를 덧붙인다.

예를 들어, “주소”를 의미하는 “pata” (पता)와 “잎”을 의미하는 “patta” (पत्ता)라는 단어를 아래에서 비교해 보자.

پتّا vs پتا

patta *pata*

पत्ता पता

위에서 보듯 유일한 차이는 't' 위에 놓인 'tashdeed'의 유무이다. 그것에 따라 단어의 의미가 완전히 달라진다.

"새로운"을 의미하는 "nayaa" (नया)와 "배(船)를 의미하는 "nayyaa" (नय्या)라는 단어를 아래에서 비교해 보자.

نیّا vs نیا

nayyaa *nayaa*

नय्या नया

"nayyaa"라는 단어의 'ya'에 'tashdeed'가 두 번 발음하라는 의미로 붙었다.

13.4.1 몇몇 추가 단어들

아래는 'tashdeed'가 사용된 몇몇 추가 단어들이다.

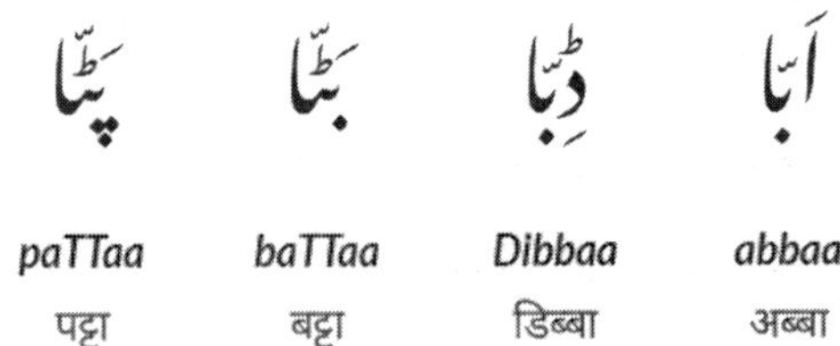

بَھدّا	بُڈّھا	ادّھا	اچّھا
bhaddaa	*buDDhaa*	*addhaa*	*achchhaa*
भद्दा	बुड्ढा	अद्धा	अच्छा
بُھٹّا	پَتّھر	چِٹّھی	بَھٹّی
bhuTTaa	*patthar*	*chiTThii*	*bhaTTii*
भुट्टा	पत्थर	चिट्ठी	भट्टी
پتّا	بَچّہ	پَٹّی	جَتّھا
pattaa	*bachcha*	*paTTii*	*jatthaa*
पत्ता	बच्चा	पट्टी	जत्था
پَنّا	پِچھتّر	بِچّھو	پَتّی
pannaa	*pichhattar*	*bichchhuu*	*pattii*
पन्ना	पिछत्तर	बिच्छू	पत्ती
اَنّا	سَٹّا	سَچّا	اَڈّا
annaa	*saTTaa*	*sachchaa*	*aDDaa*
अन्ना	सट्टा	सच्चा	अड्डा

Unit 14

'suaad' 그룹

도입

이 과에서는 'suaad' 그룹 문자를 학습할 것이다. 'suaad' 그룹 문자에는 'suaad'와 'zuaad' 두 가지가 있다.

ض	ص
zuaad	*suaad*
ज़ुआद	सुआद

이 두 문자들은 우리가 전에 배웠던 'siin'의 기본형처럼 'suaad' 기본형을 공유한다. 'zuaad' 문자는 단어가 시작되는 글꼴 바로 위에 점 하나를 첨가함으로써 만들어진다.

14.1 'suaad'

'suaad'는 영어 "serpent", "basin", "moss" 혹은 힌디 "सदा", "हिसार",

"ख़ास"의 's' (स)처럼 발음한다.

14.2 'zuaad'

'zuaad'는 영어 "zebra", "bazaar", "jazz" 혹은 힌디 "ज़रूर", "हज़रत", "नाराज़"의 'z' (ज़)처럼 발음한다.

14.3 '단어 형성 – XV'

'suaad'와 'zuaad', 이 두 문자는 연결 문자이며 우리가 전에 보았던, 결합하는 다른 연결 문자의 일반적 규칙을 따른다.

14.3.1 문장 맨 앞에 올 때

단어 맨 앞에서 다음에 오는 알리프와 결합 시의 단축형을 살펴보자.

صا

saa

सा

연결 문자로서 'suaad' 그룹 문자들은 다른 문자와 결합 시에 모양이 변하며 아래와 같은 단축형을 취한다.

Full form	Short form
ص	صـ
suaad	suaad
सुआद	सुआद

'suaad'와 'zuaad'는 연결 문자이며 우리가 보아 왔던 결합 시의 규칙들을 따른다.

'suaad' 그룹 문자가 단어 맨 앞에 오는 단어 몇 개를 살펴보자.

먼저 "sabaa" (सबा)이다.

صبا	=	ا	+	ب	+	ص
sabaa		alif		be		suaad
सबा		अलिफ़		बे		सुआद

다른 하나는 "sadr" (सद्र)이다.

صدر	=	ر	+	د	+	ص
sadr		re		daal		suaad
सद्र		रे		दाल		सुआद

"zid" (ज़िद)는 빈번하게 사용되는 단어이다.

ضد = د + ض

zid	daal	zuaad
ज़िद	दाल	जुआद

한 단계 더 나아가, "ziddii" (ज़िद्दी)라는 단어를 살펴보자.

ضدّی = ی + ّ + د + ض

ziddii	chhoTii ye	tashdiid	daal	zuaad
ज़िद्दी	छोटी ये	तश्दीद	दाल	जुआद

[흥미]

'daal'의 'd' 소리를 강조하기 위해 우리가 전에 배웠던 'tashdeed'의 사용법에 주목하라.

14.3.2 단어의 중간에 올 때

단어의 중간에 올 때, 'suaad' 그룹의 문자들의 단축형은 전에 우리가 'siin' 그룹에서 배웠던 것처럼 약간 변한다. "설립하다"라는 의미의 "nasb" (नस्ब)이라는 단어에서 그 형태를 찾아볼 수 있다.

nasb

नस्ब

아래는 단어 중간에 올 때의 단축형을 보여주는 비교이다.

Full form	Short form
ص	صـ
suaad	*suaad*
सुआद	सुआद

"nasb" (नस्ब)이라는 단어를 나눠 보면 아래와 같다.

نصب	=	ب	+	ص	+	ن
nasb		*be*		*suaad*		*nuun*
नस्ब		बे		सुआद		नून

조금 더 세분화해 보면 아래와 같다.

نصب	=	ب	+	صـ	+	ن
nasb		*be*		*suaad*		*nuun*
नस्ब		बे		सुआद		नून

비슷하게, "nasiir" (नसीर)라는 단어가 있다.

نصیر	=	ر	+	ی	+	ص	+	ن
nasiir		*re*		*chhoTii ye*		*suaad*		*nuun*
नसीर		रे		छोटी ये		सुआद		नून

"hazrat" (हज़रत)라는 단어도 있다.

حضرت = ت + ر + ض + ح

hazrat	te	re	zuaad	he
हज़रत	ते	रे	जुआद	हे

14.3.3 단어의 마지막에 올 때

단어의 마지막에서, 'suaad'와 'zuaad'는 모양이 변하지 않는다.

"nabz" (नब्ज़)라는 단어로 예를 들어 보자.

نبض

nabz

नब्ज़

빈번하게 쓰이는 단어 "KHaas" (ख़ास)는 아래와 같다.

خاص = ص + ا + خ

KHaas	suaad	alif	KHe
ख़ास	सुआद	अलिफ़	ख़े

"naaraaz" (नाराज़)라는 단어도 있다.

ناراض = ض + ا + ر + ا + ن

ناراض	ض	ا	ر	ا	ن
naaraaz	*zuaad*	*alif*	*re*	*alif*	*nuun*
नाराज़	जुआद	अलिफ़	रे	अलिफ़	नून

14.3.4 몇몇 추가 단어들

아래는 몇몇 추가 단어들이다.

ضَرُوْر	ضَرَر	ضَرب	صَحَن
zaruur	zarar	zarb	sahan
ज़रूर	ज़रर	ज़र्ब	सहन
اِصرار	ضِدّی	ضِد	ضِیا
israar	ziddii	zid	ziyaa
इसरार	ज़िद्दी	ज़िद	ज़िया
نَصِیر	بَصِیر	بَصارَت	اَنصار
nasiir	basiir	basaarat	ansaar
नसीर	बसीर	बसारत	अंसार
شَخصِیَّت	حِصّہ	خُصوْص	حِصار
shaKHsiyyat	hissa	KHosuus	hisaar
शख़्सिय्यत	हिस्सा	ख़ोसूस	हिसार
رضا	حضَرَت	حضوْر	حاضِر
razaa	hazrat	huzuur	haazir
रज़ा	हज़रत	हुज़ूर	हाज़िर

وَضاحت واضح راضی خاص

خاص	راضی	واضح	وَضاحت
KHaas	raazii	vaazeh	vazaahat
ख़ास	राज़ी	वाज़ेह	वज़ाहत

بَیاض	اَرض	حِرص	شَخص
bayaaz	arz	hirs	shaKHs
बयाज़	अर्ज़	हिर्स	शख़्स

حوض	نَبض	ناراض
hauz	nabz	naaraaz
हौज़	नब्ज़	नाराज़

14.4 'suaad' 심화 학습

지금까지 우리는 's' 계열의, 'se', 'siin', 그리고 'suaad' 소리가 나는 우르두어의 세 문자를 학습하였다.

ص	س	ث
suaad	seen	se
सुआद	सीन	से

이것이 혼란을 일으킬 수 있다는 점은 이해할 만하다. 우르두어는 페르시아어, 아랍어, 힌디 등 다양한 언어에서 영향을 받았기 때문이다. 이러한 언어에서 파생된 단어들은 's' 발음을 위해 다양한 문자들을 사용하였다. 어떤 단어에 올바른 문자를 유창하게 사용하기 위해서는 연습을 통해서만 다다를 수 있다.

위에 언급한 특징을 지닌 몇몇 단어들의 예시를 보도록 하자.

14.4.1 'se'발음이 포함된 단어들

"saabit" (साबित), "suboot" (सुबूत) 그리고 "sanaa" (सना) 등은 'se' 발음을 한다. 이들 중 어느 것도 'siin'이나 'suaad'가 사용되지 않았다.

ثنا	ثبوت	ثابت
sanaa	*suboot*	*saabit*
सना	सुबूत	साबित

14.4.2 'siin' 발음이 포함된 단어들

"saath" (साथ), "sazaa" (सज़ा) 그리고 "susaraal" (सुसराल) 등은 'siin' 발음을 한다. 이들 중 어느 것도 'se'나 'suaad'가 사용되지 않았다.

14.4.3 'suaad' 발음이 포함된 단어들

"saabir" (साबिर), "saabun" (साबुन) 그리고 "sehraa" (सेहरा) 등은 'suaad' 발음을 한다. 이들 중 어느 것도 'se'나 'siin'이 사용되지 않았다.

صحرا صابن صابر

sehraa saabun saabir

सेहरा साबुन साबिर

[중요]

이러한 문자들이 어떤 특정 단어에 나타나는 것과는 상관없이, 듣는 사람들은 우르두어를 말하거나 읽을 때 올바른 의미를 파악하고 이해할 수 있다는 점을 기억하는 것은 중요하다. 그러나, 작문 시에는 올바른 문자를 사용하는 것이 아주 중요하다. 그렇게 하지 않으면 전혀 다른 의미가 되기 때문이다.

예를 들어, 'siin'을 가지고 "sadaa" (सदा)라는 단어를 쓰면 "항상"이라는 뜻이 되지만, 'suaad'를 가지고 쓰면 "소리"라는 의미가 된다.

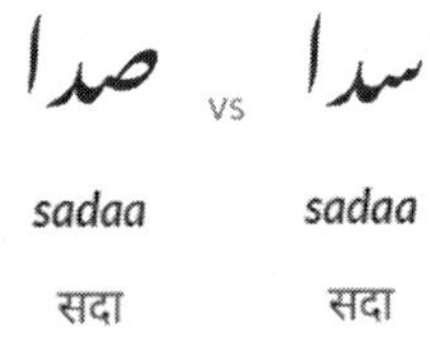

'zuaad'의 경우도 비슷하다. 다음 과에서 'zoey'를 학습한 후, 이것에 대해 좀 더 깊이 배울 것이다.

Unit 15

'toey' 그룹 문자들

도입

이 과에서 우리는 'toey' 그룹 문자들을 배울 것이다. 'toey' 그룹에는 'toey'와 'zoey', 이렇게 두 개의 문자들이 있는데 아래와 같다.

ظ	ط
zoey	*toey*
ज़ोए	तोए

이 두 문자는 'toey' 문자의 기본 형태를 공유한다. 'zoey'의 경우, 그룹의 기본 형태 위에 점 하나만을 덧붙인다.

15.1 'toey'

'toey'는 힌디 /우르두어 "तरीक़ा", "ख़तरा", "ख़त"의 약한 't' (ㅌ)처럼 발음한다.

15.2 'zoey'

'zoey'는 영어 "zebra", "bazaar", "jazz" 혹은 힌디 /우르두어 "ज़न", "नज़र", "हाफ़िज़"의 'z' (ज़)처럼 발음한다.

15.3 '단어 형성 – XVI'

'toey'와 'zoey'는 연결 문자이다. 그러나 결합 시에 모양이 변하지 않고 자신의 원형을 유지한다. 이 두 문자는 다음에 오는 문자의 형태에 간단히 병합된다.

15.3.1 단어 맨 앞에 올 때

위에 언급했듯이, 이 두 문자는 연결 문자임에도 불구하고 그들의 원형을 유지한다. 아래 예시 "taa" (ता)를 보자.

طا

taa

ता

'toey' 그룹 문자가 단어 맨 앞에 오는 다른 단어들을 살펴보자.

"tarz" (तर्ज़)부터 보자.

طرز = ز + ر + ط

tarz	*ze*	*re*	*toey*
तर्ज़	ज़े	रे	तोए

위의 예에서, 'toey'가 자신의 원형을 유지하고 연결 시에 're'와 함께 병합되는 것을 볼 수 있다. 다른 예시"taur" (तौर)를 보자.

طور = ر + و + ط

taur	*re*	*vaao*	*toey*
तौर	रे	वाओ	तोए

15.3.2 단어의 중간에 올 때

단어의 중간에 올 때, 'toey' 그룹 문자들은 그 양쪽의 문자에 간단히 병합된다. "페이지 위에 줄"이라는 의미의 "satr"(सत्र)라는 단어를 살펴보자.

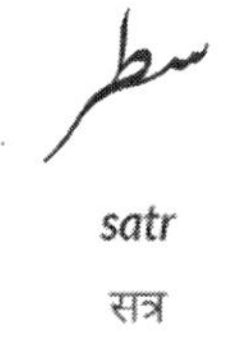

satr
सत्र

아래는 그것을 나눠 놓은 것이다.

سطر = ر + ط + س

satr	re	toey	seen
सत्र	रे	तोए	सीन

빈번하게 쓰이는 "nazar" (नज़र)라는 단어는 아래와 같다.

نظر = ر + ظ + ن

nazar	re	zoey	nuun
नज़र	रे	ज़ोए	नून

15.3.3 단어 마지막에 올 때

단어 마지막에 올 때, 나머지 우르두어 알파벳처럼 'toey'와 'zoey'는 그 모양이 바뀌지 않는다. "KHat"(ख़त)를 가지고 예를 들어 보자.

خط

KHat

ख़त

아래는 다른 예시인 "shart" (शर्त)이다.

شرط = ط + ر + ش

shart	toey	re	sheen
शर्त	तोए	रे	शीन

15.3.4 몇몇 추가 단어들

아래는 몇몇 추가 단어들이다.

بَطّخ	خاطِر	خَطرہ	وَطَن
bataKH	***KHaatir***	***KHatra***	***vatan***
बतख़	ख़ातिर	ख़तरा	वतन

اِظہار	اِنتِظار	نَظّارہ	خَطا
iz.haar	***intizaar***	***nazzaara***	***KHataa***
इज़्हार	इंतिज़ार	नज़्ज़ारा	ख़ता

خَبط	رَبط
KHabt	***rabt***
ख़ब्त	रब्त

15.4 'toey' 심화 학습

'toey'는 앞에서 배운 'te' 문자처럼 약하게 't' 발음을 한다. 이것은 이전 과에서 배웠던 'suaad' 문자의 예와 비슷하다.

ط	ت
toey	***te***
तोए	ते

이러한 이유는 우르두어는 페르시아어, 아랍어, 힌디 등 다양한 언어에서 영향을 받았기 때문이다. 이러한 언어에서 파생된 단어들은 't' 발음을 위해 다양한 문자들을 사용하였다. 어떤 단어에 올바른 문자를 유창하게 사용하기 위해서는 연습을 통해서만 다다를 수 있다.

위에 언급한 특징을 지닌 몇몇 단어들의 예시를 보도록 하자.

15.4.1 'te'가 사용된 단어들

"taash" (ताश), "pataa" (पता)와 "raat" (रात) 같은 단어들에서 'te'가 사용되었다. 그러나 'toey'는 사용되지 않았다.

تاش پتا رات

raat *pataa* *taash*

रात पता ताश

15.4.2 'toey'가 사용된 단어들

"tarz" (तर्ज़), "tanz" (तंज़)와 "taur" (तौर) 같은 단어들은 'toey'가 사용되었다. 그러나 'te'는 사용되지 않았다.

taur *tanz* *tarz*

तौर तंज़ तर्ज़

다음 과에서는 'zoey'의 'z'에 대해 학습해 보겠다.

15.5 ‘zoey’ 심화 학습

‘z’ 소리를 내는 다른 문자들을 학습해 보자. 지금까지 우리는 모두 4가지, 즉 ‘zaal’, ‘ze’, ‘zuaad’ 그리고 ‘zoey’를 배웠다.

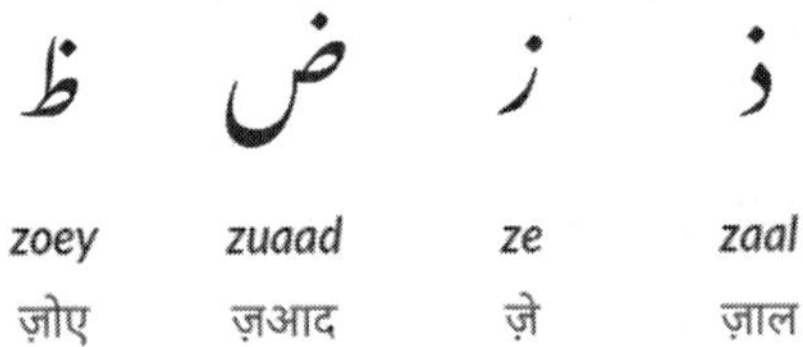

[흥미]

위에 보여준 4가지 문자 모두, 비록 그들의 기본 형태는 각기 다르지만 자신들의 기본 형태 위에 점 하나를 가지고 있는 것을 인지하였는가?

이것은 우르두어는 다양한 언어에서 영향을 받았기 때문이다. 이러한 언어에서 파생된 단어들은 ‘z’ 발음을 위해 다양한 문자들을 사용하였다. 어떤 단어에 올바른 문자를 유창하게 사용하기 위해서는 연습을 통해서만 다다를 수 있다.

아래 몇 가지 예를 제시한다.

15.5.1 ‘zaal’이 들어간 단어

“zaat” (ज़ात)와 “zarraat” (ज़र्रात) 안에 ‘zaal’이 사용되었다.

ذات ذرّات

zarraat　　zaat

ज़र्रात　　ज़ात

15.5.2 'ze'가 들어간 단어

"zabaan" (ज़बान), "KHizaa.n" (ख़िज़ाँ) 그리고 "aavaaz" (आवाज़) 안에 'ze'가 사용되었다.

زبان خزاں آواز

aavaaz　　KHizaa.n　　zabaan

आवाज़　　ख़िज़ाँ　　ज़बान

15.5.3 'zuaad'가 들어간 단어

"zaroor" (ज़रूर), "hazrat" (हज़रत) 그리고 "naaraaz" (नाराज़) 안에 'zuaad'가 사용되었다.

ضرور حضرت ناراض

naaraaz　　hazrat　　zaruur

नाराज़　　हज़रत　　ज़रूर

15.5.4 'zoey'가 들어간 단어

"zan" (ज़न), "nazar" (नज़र) 그리고 "intezaar" (इंतज़ार) 안에 'zoey'가 사용되었다.

ظن نظر انتظار

intezaar	nazar	zan
इंतज़ार	नज़र	ज़न

[중요]

이러한 문자들이 어떤 특정 단어에 나타나는 것과는 상관없이, 듣는 사람들은 우르두어를 말하거나 읽을 때 올바른 의미를 파악하고 이해할 수 있다는 점을 기억하는 것이 중요하다. 그러나, 작문 시에는 올바른 문자를 사용하는 것은 아주 중요하다. 그렇게 하지 않으면 전혀 다른 의미가 되기 때문이다.

예를 들어 'zoey'를 가지고 "zan" (ज़न)을 쓴다면 "가정(假定)"을 의미하지만, 'ze'를 가지고 쓴다면 "여성"을 의미하게 된다.

ظن vs زن

zan		zan
ज़न		ज़न

다른 예가 있다. 'zaal'을 가지고 "nazr" (नज़्र)를 쓴다면 "선물"이라는

뜻이지만, 'zoey'를 가지고 쓴다면 "시야"라는 뜻이 된다.

[흥미]

"nazr" (नज़्र)와 "nazar" (नज़र) 라는 단어가 알파벳과 데바나가리로도 상이함을 인지하였을 것이다. 그러나 이것은 우르두어 문자가 아니다. "nazr"라는 단어 안에 자즘이 없는 것을 인지하였는가? 이것 때문에 위에 언급한 두 단어는 초보 독자에게는 "nazar"로 잘못 이해될 수 있다.

Unit 16
'ain' 그룹

도입

이 과에서 우리는 두 개의 문자, 즉 'ain'과 'Gain'으로 구성된 'ain' 그룹 문자를 배울 것이다.

غ	ع
Gain	*ain*
ग़ैन	ऐन

우리는 이 두 문자가 'Gain' 문자의 기본형태를 공유한다는 점을 알 수 있다. 두 문자는 점의 유무에 따라 달라진다.

[흥미]
'ain'과 'Gain' 두 문자는 아랍어에 기원을 둔 단어에서만 사용된다.

16.1 'ain'

[중요]

'ain'은 우르두어 알파벳에서 아주 독특한 문자이다. 왜냐하면 'ain'은 자신이 속한 단어에 따라 모음 소리를 낼 수도 있기 때문이다.

다음에서 'ain'의 이러한 측면을 좀 더 심도 있게 학습할 것이다.

16.2 'Gain'

마찰음인 'Gain'은 영어와 힌디에는 상응하는 발음이 없다.

16.3 'ain' 심화 학습

무엇이 'ain'이라는 문자를 독특하게 만드는지 좀 더 자세히 살펴보자. 전에 언급했듯 'ain'은 우르두어에서 모음 소리를 낸다는 점을 기억하자.

[흥미]

우르두어 문자에서 'ain' 그 자체는 모음이 아니다. 그러나 모음으로 여겨진다. 이 미묘한 차이를 기억해야 한다. 뒤에 'hamza' 문자를 배울 때 그 이유를 알 것이다.

여기서는 분명한 모음 발음의 'ain'에 대해 살펴보자.

16.3.1 단모음 'a'로서

'ain'이 만들어 낸 단모음 'a'는 아래처럼 문자 위에 자바르를 첨가한다.

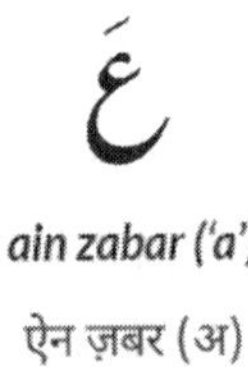

ain zabar ('a')

ऐन ज़बर (अ)

[중요]

지금까지는 'ain'이 모든 모음 소리를 낸다고 배워 왔기 때문에 여기서 제시한 예들은 단어 실력의 향상과 이해력을 돕기 위해 온전한 모음 발음 기호를 사용하였다. 반복해 말하지만, 이 발음 기호들은 일상 관습에서는 사용되지 않으나 학습하는 동안 더 명확한 이해를 위해 여기에서는 사용되었다.

우리는 전에 "하늘"을 뜻하는 단어 "arsh" (अर्श)를 배웠다. 방금 배운 것을 바탕으로 여기에 발음 기호가 붙으면 어떻게 쓰이는지 아래를 보자.

arsh

अर्श

아래는 "더 많은/최고의"을 의미하는 "as.ad" (अस'अद)라는 단어에 발음 기호를 덧붙인 예이다. 두 개의 자바르의 위치에 주목하라.

أَسعَد

as.ad

अस

"적절한 이름"이라는 의미의 "abbaas" (अब्बास)라는 단어에 사용된 발음 기호를 확인해 보라.

عَبّاس	=	س	+	ا	+	ّ	+	ب	+	عَ
abbaas		*siin*		*alif*		*tashdiid*		*be*		*ain*
अब्बास		सीन		अलिफ़		तश्दीद		बे		ऐन

우리가 전에 보았던"shujaa.a"라는 단어를 활용하여 "용감한"이라는 의미의 "shujaa.at" (शुजा'अत)라는 단어의 예를 아래에서 확인하라.

شُجاعَت	=	ت	+	ع	+	ا	+	ج	+	ش
shujaa.at		*te*		*ain*		*alif*		*jiim*		*shiin*
शुजाअत		ते		ऐन		अलिफ़		जीम		शीन

16.3.2 장모음 'aa'로서

'ain'은 다음과 같은 경우에 장모음 'aa' (आ) 소리를 낸다.

'ain'뒤에 알리프가 올 때

'ain' 앞에 알리프나 다른 자음이 올 때

[중요]

위의 두 경우에 'ain'은 자바르 없이 있는 그대로 온다는 점을 기억해야 한다. 'ain'이 단모음 'a' 역할을 하는 것과 장모음 'aa' 소리를 내는 것 사이에는 커다란 차이가 있다.

아래는 'ain' 뒤에 알리프가 오는 경우이다.

عا	=	ا	+	ع
aa		*alif*		*ain*
आ		अलिफ़		ऐन

"습관"을 의미하는 "aadat" (आदत)라는 단어는 아래와 같다.

عادت	=	ت	+	د	+	ا	+	ع
aadat		*te*		*daal*		*alif*		*ain*
आदत		ते		दाल		अलिफ़		ऐन

아래는 'ain'이 알리프 앞에 오면서 장모음 'aa' 소리를 내는 예이다.

اع	=	ع	+	ا
aa		*ain*		*alif*
आ		ऐन		अलिफ़

아래는 "신경"을 의미하는 "aasaab" (आसाब)이라는 단어이다.

اعصاب	=	ب	+	ا	+	ص	+	ع	+	ا
aasaab		be		alif		suaad		ain		alif
आसाब		बे		अलिफ़		सु		ऐन		अलिफ़

어떻게 'ain'이 자음 앞에 올 때 장모음 'aa'가 되는지 "~후에"라는 의미의 "baad" (बाद)라는 단어를 아래에서 보도록 하자.

بعد	=	د	+	ع	+	ب
baad		daal		ain		be
बाद		दाल		ऐन		बे

위의 예에서 보듯 'ain' 위에는 자바르가 붙지 않았다.

[흥미]

'ain'이 들어간 "~후에"라는 의미의 "baad" (बाद)라는 단어는 우리 모두가 알고 있는, 빈번히 사용되는 단어이다. 동일한 단어에 알리프가 들어가면 "공기"를 의미하는 단어가 된다. 'ain'에 대해 철저히 학습한 후에 우리는 이러한 동음이의어를 더 많이 살펴볼 것이다.

"몇몇/적은"을 의미하는 "baaz" (बाज़)라는 단어를 보면 동일선을 따르는 것을 볼 수 있다.

بعض = ض + ع + ب

baaz	zuaad	ain	be
बाज़	दाल	ऐन	बे

16.3.3 단모음 'i'로서

'ain'이 만든 단모음 'i'는 아래처럼 문자 밑에 제르를 붙여 표시한다.

عِ

ain zer ('i')

ऐन ज़ेर (इ)

이것은 단모음 'a' 소리를 내기 위해 'ain' 위에 자바르를 붙였던, 전에 우리가 공부했던 경우와 유사하다. "향수/필수"라는 의미의 "itr" (इत्र)라는 단어를 살펴보자.

عِطْر = ر + ط + عِ

itr	re	toey	ain
इत्र	रे	तोए	ऐन

[흥미]

위의 예에서, 'ain'은 자신 밑에 제르를 수반하였다. 그러나 'toey' 위에 자즘을 인지하였는가? 일상 생활에서는 이러한 발음 기호가 없이 동일 단어가 어떻게 쓰였는지를 아래에서 확인하라.

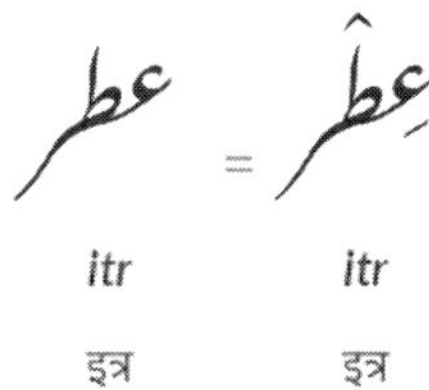

이렇게 발음 기호를 표시한 이유는 일상 생활에서는 발음 기호가 표기되지 않는다는 규칙을 강조하기 위한 것이다. 또한 일상적으로 사용되는 단어들이 어떻게 쓰였는지에 대해 익숙해지도록 만들게 하려는 것이다.

다음에는 발음 기호 없는 "itr"라는 단어를 살펴볼 것이다. 이것을 능숙하게 읽어야 한다.

비슷한 맥락으로 "즐거움/기쁨"이라는 의미의 "ishrat" (इशरत)라는단어를 보자.

عِشرت	=	ت	+	ر	+	ش	+	عِ
ishrat		te		re		shiin		ain
इशरत		ते		रे		शीन		ऐन

다음에는 "숭배"라는 의미의 "ibaadat" (इबादत)라는 단어이다.

عِبادت	=	ت	+	د	+	ا	+	ب	+	عِ
ibaadat		*te*		*daal*		*alif*		*be*		*ain*
इबादत		ते		दाल		अलिफ़		बे		ऐन

16.3.4 장모음 'ii'로서

장모음 'ii' (ई) 소리를 내기 위해 'ain'은 아래에서 보는 것처럼 '초띠 예'와 결합하였다.

عی

ii

ई

예를 들어, "4행시"를 의미하는 "rubaa.ii" (रुबाई)라는 단어를 보자.

رُباعی	=	ی	+	ع	+	ا	+	ب	+	ر
rubaa.ii		*chhoTii ye*		*ain*		*alif*		*be*		*re*
रुबाई		छोटी ये		ऐन		अलिफ़		बे		रे

이슬람교 축제인 "iid" (ईद)라는 단어를 보자.

عید = د + ی + ع

iid	daal	chhoTii ye	ain
ईद	दाल	छोटी ये	ऐन

"기원후(A.D.)를 의미하는 "iisvii" (ईसवी)라는 단어를 보자.

عیسوی = ی + و + س + ی + ع

iisvii	chhoTii ye	vaao	siin	chhoTii ye	ain
ईस्वी	छोटी ये	वाओ	सीन	छोटी ये	ऐन

16.3.5 단모음 'u'로서

'ain'은 단모음 'u' (उ) 소리를 내기 위해 아래에서 자신 위에 뻬쉬를 붙였다.

عُ

ain pesh ('u')

ऐन पेश (उ)

'ain'이 단모음 소리를 내었던 곳에서 우리가 본 경우와 유사하다. "성인의 추모일"이라는 의미의 "urs" (उर्स)라는 단어를 보자.

عُرس = س + ر + عُ

urs	siin	re	ain + pesh ('u')
उर्स	सीन	रे	ऐन पेश (उ)

아래는 "요소"라는 의미의 "unsur" (उन्सुर)라는 단어이다.

عُنصر = ر + ص + ن + عُ

unsur	re	suaad	nuun	ain + pesh ('u')
उन्सुर	रे	सुआद	नून	ऐन पेश (उ)

16.3.6 장모음 'uu'로서

'ain'은 장모음 'uu' (ऊ) 소리를 내기 위해 아래에서 보는 것처럼 'vaao'와 결합했다.

عو

uu

ऊ

대중적인 향수로 인기 있는 "침향/나무"를 의미하는 "oud" (ऊद)라는 단어를 아래에서 보도록 하자.

عود	=	د	+	و	+	ع
oud		daal		vaao		ain
ऊद		दाल		वाओ		ऐन

“지식/이해”라는 의미의 “shu.uur” (शुऊर)라는 단어를 보자.

شعور	=	ر	+	و	+	ع	+	ش
shu.uur		re		vaao		ain		shiin
शुऊर		रे		वाओ		ऐन		शीन

[중요]

위 예에서 ‘shu.uur’ (श’ऊर)는 “shuur” (शूर)로 발음되지 않음에 유의하라.

16.3.7 단모음 ‘e’로서

‘ain’은 그 앞에 선행하는 문자 밑에 제르가 있을 때 단모음 ‘e’ (ए) 발음을 한다. 이것의 기본 형태를 아래에서 확인하자.

e

ए

"기적"을 의미하는 "ejaaz" (एजाज़)라는 단어를 아래에서 보도록 하자.

اِعجاز	=	ز	+	ا	+	ج	+	ع	+	اِ
ejaaz		***ze***		***alif***		***jiim***		***ain***		***alif***
एजाज़		ज़े		अलिफ़		जीम		ऐन		अलिफ़

"2행 연구(聯句)"라는 의미의 "sher" (शेर)라는 단어에서 'ain' 앞에서 제르를 수반하는 자음을 볼 수 있다.

شِعر	=	ر	+	ع	+	شِ
sher		***re***		***ain***		***shiin***
शेर		रे		ऐन		शीन

'sher'는 우르두어에서 가장 인기 있는 단어이자 시가이며, 어떻게 'ain'이 단모음 'e' 소리를 내는가를 보여주는 가장 좋은 예이다.

16.3.8 장모음 'ai'로서

장모음 'ai' (ऐ)는 'ain'이 그 위에 자바르를 수반하고 '바리예"와 결합 시에 발음된다.

ai

ऐ

이것에 대한 예를 ““ain” (ऐन)” 문자 그 자체에서 찾을 수 있다.

عَين	=	ن	+	ے	+	عَ
ain		nuun		ba.Dii ye		ain
ऐन		नून		बड़ी ये		ऐन

“올바른 길을 보여주는 사람”이라는 의미의 “shuaib” (शुऐब)이라는 단어가 있는데 종종 “shoaib”으로 쓰이기도 한다.

شُعَیب	=	ب	+	ے	+	عَ	+	ش
shuaib		be		ba.Dii ye		ain		shiin
शुऐब		बे		बड़ी ये		ऐन		शीन

16.3.9 단모음 ‘o’로서

‘ain’은 자신의 앞에 뻬쉬를 취하는 문자가 올 때 ‘o’ 소리가 난다. 이것의 기본형을 아래에서 볼 수 있다.

اُع

o

ओ

‘거리(距離)’를 의미하는 “bod” (बोद)라는 단어에서 그 예를 찾을 수 있다. 자음 ‘be’ 위에 뻬쉬를 볼 수 있다.

بُعد	=	د	+	ع	+	بُ
bod		*daal*		*ain*		*be*
बोद		दाल		ऐन		बे

[중요]

'ain'이 단모음 'u'로 소리가 다소 차이가 나는 것을 기억해야 한다.

1. 뻬쉬는 단모음 'u' 소리가 나는 경우 'ain' 위에 직접 덧붙인다.
2. 뻬쉬는 단모음 'o' 소리가 나는 경우 'ain'에 선행하는 문자 위에 덧붙인다.

"경외/두려움"이라는 의미의 "rob" (रोब)이라는 단어를 보자.

رُعب	=	ب	+	ع	+	رُ
rob		*be*		*ain*		*re*
रोब		बे		ऐन		रे

16.3.10 장모음 'au'로서

장모음 'au' (औ)는 'ain'과 'vaao'의 결합에 의해 소리 나고 'ain' 위에 자바르를 덧붙인다.

au

औ

"도움"이라는 의미의 "aun" (औन)이라는 단어에서 이 예를 명확히 볼 수 있다.

عَون	=	ن	+	و	+	عَ
aun		*nuun*		*vaao*		*ain*
औन		नून		वाओ		ऐन

비슷한 예로 "여성"을 의미하는 "aurat" (औरत)라는 단어가 있다.

عَورت	=	ت	+	ر	+	و	+	عَ
aurat		*te*		*re*		*vaao*		*ain*
औरत		ते		रे		वाओ		ऐन

16.3.11 몇몇 추가 단어들

아래는 'ain'이 사용된 몇몇 단어들이다.

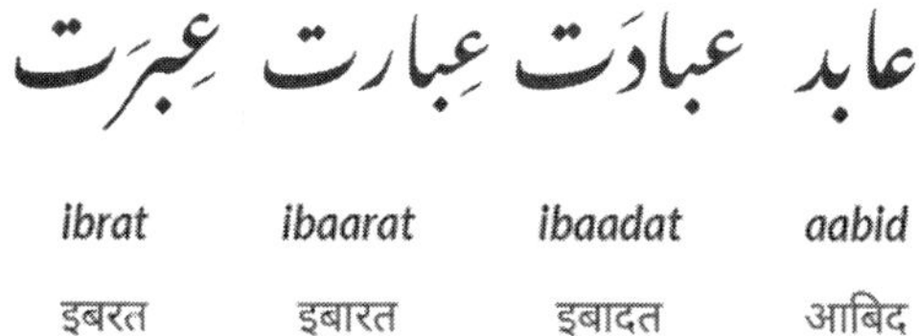

ibrat	*ibaarat*	*ibaadat*	*aabid*
इबरत	इबारत	इबादत	आबिद

عَداوَت	عَدَد	عِتاب	عِشرَت
adaavat	***adad***	***itaab***	***ishrat***
अदावत	अदद	इताब	इशरत
عریضہ	عزیز	عِزَّت	عَرَب
ariiza	***aziiz***	***izzat***	***arab***
अरीज़ा	अज़ीज़	इज़्ज़त	अरब
عُرس	عَذاب	عورَت	عَرَض
urs	***azaab***	***aurat***	***araz***
उर्स	अज़ाब	औरत	अरज़
	وَعدہ	عِوَض	عَرصہ
	vaada	***ivaz***	***arsa***
	वादा	इवज़	अर्सा

16.4 'Gain' 심화 학습

여기서는 'Gain' 문자와 그 전형적인 발음에 대해 조금 더 학습하기로 하자.

16.4.1 'Gain'의 발음

'G'로 표기되는 'Gain'의 발음을 정확히 하는 것은 중요하다. 이 발음은 영어 "goat", "jaggery" 혹은 힌디 "गोल", "अगला"의 'g'와 종종 혼동되기도 한다.

또한 'gh' 소리와 혼동하기도 한다. 'g', 'gh', 'G'이 세 발음은 확연히 다른 발음임을 구별하는 것은 중요하다.

[주의]

'G'를 정확하게 발음하는 것은 아주 중요하다. 이 발음을 올바르게 구사하는 사람들 속에서 규칙적으로 연습하는 것을 강력히 추천한다.

16.4.2 몇몇 추가 단어들

'G' 발음을 연습하기 위해 'Gain'이 들어간 아래 단어들을 확인해 보자.

غرَض غدر غدّار غُبّارہ

Garaz Gadar Gaddaar Gubbaara

ग़रज़ ग़दर ग़द्दार ग़ुब्बारा

غنی غیرت غیر غضَب

Ganii Gairat Gair Gazab

ग़नी ग़ैरत ग़ैर ग़ज़ब

غزَل غریب غُربَت غور

Gazal Gariib Gurbat Gaur

ग़ज़ल ग़रीब ग़ुर्बत ग़ौर

رِعایا دُعا غُنچہ غِذا

ri.aayaa du.aa Guncha Gizaa

रिआया दुआ ग़ुंचा ग़िज़ा

شاعری شاعِر اعتبار ساعَت

shaa.irii shaa.ir etibaar saa.at

शाइरी शाइर एतिबार साअत

سَعید	تعجّب	دَعوَت	تعبیر
sa.iid	*ta.ajjub*	*daavat*	*taabiir*
सईद	तअज्जुब	दावत	ताबीर
آغا	صَنعَت	طباعَت	اعراب
aaGaa	*sa.nat*	*tabaa.at*	*e.araab*
आग़ा	संअत	तबाअत	एराब
روغَن	چُغَد	باغی	بَغاوت
roGan	*chuGad*	*baaGii*	*baGaavat*
रोग़न	चुग़द	बाग़ी	बग़ावत
طَبع	وِداع	رَغبَت	ناغہ
tab.a	*vidaa.a*	*raGbat*	*naaGa*
तब्अ	विदाअ	रग़बत	नाग़ा
تیغ	باغ	شُعاع	رَبیع
teG	*baaG*	*shu.aa*	*rabii.a*
तेग़	बाग़	शुआ	रबीअ

سُراغ	چراغ
suraaG	*charaaG*
सुराग़	चराग़

Unit 17

'fe' 그룹

도입

이 과에서 우리는 'fe'와 'qaaf'로 구성된 'fe' 그룹 문자를 배울 것이다.

ق	ف
qaaf	*fe*
क़ाफ़	फ़े

이 과는 우리가 배워 왔던 패턴과는 조금 다를 것이다. 이 두 문자의 완전형은 조금 다른 형태인데 'fe'는 조금 길게 늘어진 형태이고 'qaaf'는 조금 둥근 형태이다. 그러나 이 두 문자의 단축형은 문자 위의 점의 개수만 다를 뿐 동일하다.

17.1 'fe'

‘fe’는 영어 “feel”, “refer”, “leaf”의 소리와 같다.

[중요]
‘f’는 데바나가리에서는 ‘फ़’로 표시된다. 이것은 우리가 전에 보았던 ‘फ’와 상당히 다르다. 우리는 다음에 이 두 발음 사이의 차이점에 대해 자세히 살펴볼 것이다.

17.2 ‘qaaf’

‘qaaf’는 영어나 힌디에 이 발음과 상응하는 것이 없다.

[중요]
여기서 ‘q’는 ‘क़’로 표기됨에 주목하라. 이것은 ‘क’와 상당히 다르다. 우리는 다음에 이 두 발음 사이의 차이점에 대해 자세히 살펴볼 것이다.

17.3 ‘fe’와 ‘qaaf’의 심화 학습

17.3.1 ‘fe’의 발음

‘f’로 표기되는 ‘fe’의 발음을 정확히 하는 것은 중요하다. 그것은 종종 힌디 “फन”, “फाल”에서처럼 ‘ph’와 혼동하기도 한다.

17.3.2 ‘qaaf’의 발음

‘q’로 표기되는 ‘qaaf’의 발음을 정확히 하는 것은 중요하다. 그것은 종종 영어 "kite", "back" 혹은 힌디 "काला", "ताक"의 'k' 소리와 혼동하기도 한다.

[주목]

'q'를 정확하게 발음하는 것은 아주 중요하다. 이 발음을 올바르게 구사하는 사람들 속에서 규칙적으로 연습하는 것을 강력히 추천한다.

17.4 '단어 형성 – XⅦ'

연결 문자

'fe'와 'qaaf'는 연결 문자이며 우리가 지금까지 배웠던 다른 연결 문자들의 결합 형태와 동일한 규칙을 따른다.

17.4.1 단어 맨 앞에 올 때

단어 맨 앞에 올 때 이 두 문자의 단축형을 살펴보자. 이것을 위해 어떻게 이 두 문자가 알리프와 결합하는지 살펴보자.

قا	فا
qaa	*faa*
क़ा	फ़ा

[중요]

비록 'fe'와 'qaaf'의 완전형은 다소 다른 모양일지라도 단축형은 점의 개수만 다른 것을 제외하고는 동일한 모양이다.

이 점을 명확히 하기 위해, 아래에서 'fe'를 살펴보자.

Full form	=	Short form
ف		فـ
fe		*fe*
फ़े		फ़े

여기서는 'qaaf'를 살펴보자.

Full form	=	Short form
ق		قـ
qaaf		*qaaf*
क़		क़

이번에는 "폭로"라는 의미의 "faash" (फ़ाश)라는 단어가 어떻게 이 규칙 안에서 작용하는지 살펴보자.

فاش	=	ش	+	ا	+	ف
faash		*shiin*		*alif*		*fe*
फ़ाश		शीन		अलिफ़		फ़े

단축형은 아래와 같다.

فاش	=	ش	+	ا	+	فـ
faash		*shiin*		*alif*		*fe*
फ़ाश		शीन		अलिफ़		फ़े

비슷하게, “조각/부분”을 의미하는 단어 “qaash” (क़ाश)라는 단어를 보자.

قاش = ش + ا + ق

qaash	shiin	alif	qaaf
क़ाश	शीन	अलिफ़	क़ाफ़

“샹들리에”라는 의미의 단어 “faanuus” (फ़ानूस)라는 단어를 보자.

فانوس = س + و + ن + ا + ف

faanuus	siin	vaao	nuun	alif	fe
फ़ानूस	सीन	वाओ	नून	अलिफ़	फ़े

“예술/기술”이라는 의미의 “fan” (फ़न)이라는 단어를 보자.

فن = ن + ف

fan	nuun	fe
फ़न	नून	फ़े

위에 제시한 예는 이들 문자들이 다른 자음, 여기서는 ‘nuun’과 결합하면서 단어의 맨 앞에 올 때 어떻게 되는가를 보여주고 있다.

비슷한 예로, “높이/위업”을 의미하는 “qad” (क़द)라는 단어를 보자.

قد = د + ق

qad	daal	qaaf
क़द	दाल	क़ाफ़

한 단계 더 나아가, "금지/제한"을 의미하는 단어 "qadGan" (क़दग़न)이 어떻게 쓰였는지 아래에서 확인하도록 하자.

قدغن = ن + غ + د + ق

qadGan	nuun	Gain	daal	qaaf
क़दग़न	नून	ग़ैन	दाल	क़ाफ़

17.4.2 단어 중간에 올 때

이 문자들이 단어 중간에 올 때의 단축형을 보기 위해 "부정/폭정"을 의미하는 "jafaa" (जफ़ा)라는 단어를 아래에서 살펴보자.

جفا = ا + ف + ج

jafaa	alif	fe	jiim
जफ़ा	अलिफ़	फ़े	जीम

위에서 'fe'를 구별할 수 있는가? 아래는 단어 중간에 올 때의 단축형이다.

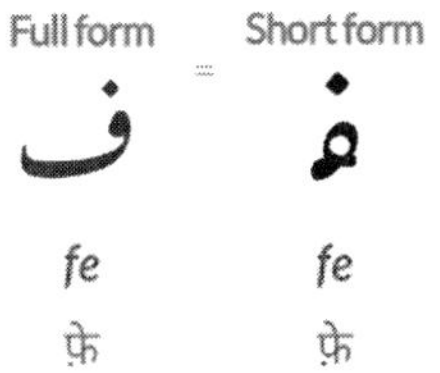

Full form	=	Short form
ف		فـ
fe		*fe*
फ़े		फ़े

그러므로 "jafaa"를 나눠 보면 아래와 같다.

جفا	=	ا	+	فـ	+	جـ
jafaa		*alif*		*fe*		*jeem*
जफ़ा		अलिफ़		फ़े		जीम

비슷하게 "영원"을 의미하는 "baqaa" (बक़ा)라는 단어를 보자.

بقا	=	ا	+	ق	+	ب
baqaa		*alif*		*qaaf*		*be*
बक़ा		अलिफ़		क़ाफ़		बे

17.4.3 단어 마지막에 올 때

단어 마지막에 올 때 다른 우르두어 문자들처럼, 'fe'와 'qaaf'도 그 모양이 변하지 않는다. 아래에서 'qaaf' (क़ाफ़) 문자 그 자체를 보자.

قاف

qaaf

क़ाफ़

여기서 마지막에 왔을 때 그 모양이 변하지 않았다. "깨끗한/순수한"을 의미하는 'saaf' (साफ़)라는 단어를 보자.

صاف =	ف +	ا +	ص
saaf	*fe*	*alif*	*suaad*
साफ़	फ़े	अलिफ़	सुआद

"깨지다"라는 의미의 단어 "shaq" (शक़)를 보자.

شق =	ق +	ش
shaq	*qaaf*	*shiin*
शक़	क़ाफ़	शीन

여기서 비록 'qaaf'가 앞의 'shiin'과 결합하였지만, 마지막에서 'qaaf'의 모양은 변하지 않고 원형을 유지하였다.

17.4.4 몇몇 추가 단어들

몇몇 추가 단어들을 아래에서 확인해 보자.

فَرض	فَرد	فِدا	فارِغ
farz	*fard*	*fidaa*	*faariG*
फ़र्ज़	फ़र्द	फ़िदा	फ़ारिग़
فَرار	فَرح	فضا	فساد
faraar	*farah*	*fazaa*	*fasaad*
फ़रार	फ़रह	फ़ज़ा	फ़साद
شریفہ	فوج	فَخر	فَجر
shariifa	*fauj*	*faKHr*	*fajr*
शरीफ़ा	फ़ौज	फ़ख़्र	फ़ज्र
قَدر	قَبر	قَبا	فَرش
qadr	*qabr*	*qabaa*	*farsh*
क़द्र	क़ब्र	क़बा	फ़र्श
قِسط	قُدرت	قَرض	قَرار
qist	*qudrat*	*qarz*	*qaraar*
क़िस्त	कुदरत	क़र्ज़	क़रार

قانوٗن	قاعِدہ	قَواعد	قَضا
qaanuun	qaa.ida	qavaa.id	qazaa
क़न्नून	क़ाइदा	क़वाइद	क़ज़ा
قصیدہ	قِصّہ	قَطرہ	قَوانین
qasiida	qissa	qatra	qavaaniin
क़सीदा	क़िस्सा	क़तरा	क़वानीन
دَفتَر	اَفسَر	رَفتار	آفَت
daftar	afsar	raftaar	aafat
दफ़्तर	अफ़्सर	रफ़्तार	आफ़त
وَفات	وَفا	سَفیر	سَفَر
vafaat	vafaa	safiir	safar
वफ़ात	वफ़ा	सफ़ीर	सफ़र
بَرفی	طوٗفان	تفریح	ظفر
barfii	tuufaan	tafriih	zafar
बर्फ़ी	तूफ़ान	तफ़रीह	ज़फ़र

رَفیع
rafii
रफ़ी
شَفیع
shafii
शफ़ी
صِفَر
sifar
सिफ़र
آقا
aaqaa
आक़ा
چاقوُ
chaaquu
चाक़ू
تقدیر
taqdiir
तक़्दीर
تقسیم
taqsiim
तक़्सीम
نَقد
naqad
नक़द
نُقصان
nuqsaan
नुक़सान
تنقید
tanqiid
तंक़ीद
نَقّاد
naqqaad
नक़्क़ाद
ناقِد
naaqid
नाक़िद
حَقیقت
haqiiqat
हक़ीक़त
حُقّہ
huqqa
हुक़्क़ा
رِقّت
riqqat
रिक़्क़त
چُقندَر
chuqandar
चुक़ंदर
وَقت
vaqt
वक़्त
وَقار
vaqaar
वक़ार
اُف
uf
उफ़
حَرف
harf
हर्फ़

طَرَف	بَرف	عُرف	خوف
taraf	*barf*	*urf*	*KHauf*
तरफ़	बर्फ़	उर्फ़	ख़ौफ़

ظریف	واقِف	شریف	رَدیف
zariif	*vaaqif*	*shariif*	*radiif*
ज़रीफ़	वाक़िफ़	शरीफ़	रदीफ़

اوراق	صِرف	صَرّاف	تعریف
auraaq	*sirf*	*sarraaf*	*taariif*
औराक़	सिर्फ़	सर्राफ़	तारीफ़

طواف	فَرق	حَق	وَرَق
tavaaf	*farq*	*haq*	*varaq*
तवाफ़	फ़र्क़	हक़	वरक़

عاشق	طَبَق	طاق	عَرَق
aashiq	*tabaq*	*taaq*	*araq*
आशिक़	तबक़	ताक़	अरक़

عشق	غَرق	بَرق
ishq	*Garq*	*barq*
इश्क़	ग़र्क़	बर्क़

Unit 18

'laam'과 'miim'

도입

이 과에서 우리는 'laam'과 'miim'에 대해 배울 것이다. 이것들은 개별 문자이고 어느 그룹에도 속하지 않는다.

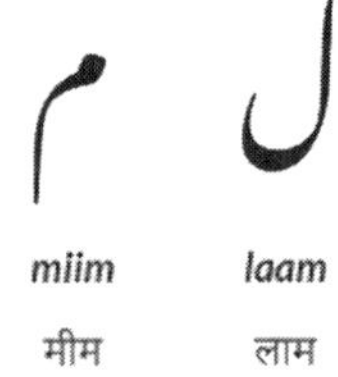

18.1 'laam'

'laam'은 영어 "land", "colour", "camel"의 'l' 혹은 힌디 लड़का, खेलना, हल 의 'ल'처럼 발음한다.

18.2 'miim'

'miim'은 영어 "mother", "camel", "team" 혹은 힌디 माँ, कमरा, हम의 'म' 처럼 발음한다.

우르두어의 많은 단어들은 'laam'과 'miim' 발음이 난다.

18.3 '단어 형성 – XVIII'

연결 문자

'laam'과 'miim'은 연결 문자이며, 우리가 지금까지 보았던 단어에서 다른 문자와의 결합 시 동일한 규칙을 따른다. 'miim'을 시작하기 전에 'laam'을 지닌 몇몇 단어를 살펴볼 것이다.

18.3.1 단어 맨 앞에서

어떻게 'laam'의 모양이 변하고 다른 문자와 결합하는지 살펴보자. "가져오다"를 의미하는 "laa" (ला)라는 단어를 보자.

laa

ला

아래는 'laam'이 단축형으로 앞에 올 때이다.

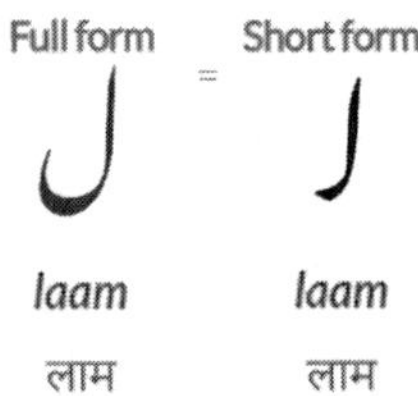

"가져오다"라는 의미의 "laanaa" (लाना)라는 단어를 살펴보자.

لانا	=	ا	+	ن	+	ا	+	ل
laanaa		*alif*		*nuun*		*alif*		*laam*
लाना		अलिफ़		नून		अलिफ़		लाम

위의 단어를 단축형을 사용해 표기하면 아래와 같다.

لانا	=	ا	+	ﻧ	+	ا	+	ﻟ
laanaa		*alif*		*nuun*		*alif*		*laam*
लाना		अलिफ़		नून		अलिफ़		लाम

위에 제시된 예는 어떻게 'laam'이 알리프와 결합하였는지를 보여주고 있다. "입술"이라는 의미의 "lab" (लब)이라는 단어를 가지고 다른 자음과 어떻게 결합했는지에 대해 살펴보자.

لب	=	ب	+	ل
lab		*be*		*laam*
लब		बे		लाम

여기서 'laam'의 단축형이 아주 미묘하게 다르다는 점을 인지할 수 있다. 아래에서 그 차이를 비교해 보자.

Full form	=	Short form
ل		ﻟ
laam		*laam*
लाम		लाम

한 단계 더 나아가, "쉬다/눕다"라는 의미의 "leTnaa" (लेटना)라는 단어를 살펴보자.

لیٹنا	=	ا	+	ن	+	ٹ	+	ے	+	ل
leTnaa		*alif*		*nuun*		*Te*		*ba.Dii ye*		*laam*
लेटना		अलिफ़		नून		टे		बड़ी ये		लाम

18.3.2 단어 중간에 올 때

'laam'이 단어 중간에 올 때 단축형은 "요구/욕망"이라는 의미의 단어 "talab" (तलब)에서 보는 것처럼 맨 앞에 올 때와 동일하다.

talab

तलब

아래는 'laam'의 단축형이다.

Full form	=	Short form
ل		ﻟ
laam		*laam*
लाम		लाम

아래는 'talab'이라는 단어를 나눠 놓은 것이다.

طلب	=	ب	+	ل	+	ط
talab		*be*		*laam*		*toey*
तलब		बे		लाम		तोए

비슷하게, "잘못된"이라는 의미의 "Galat" (ग़लत)라는 단어이다.

غلط	=	ط	+	ل	+	غ
Galat		*toey*		*laam*		*Gain*
ग़लत		तोए		लाम		ग़ैन

18.3.3 단어의 마지막에 올 때

우르두 문자의 일반적인 규칙처럼, 'laam'도 단어 마지막에서는 그 형태가 변하지 않는다. "순간"을 의미하는 간단한 단어 "pal" (पल)을 아래에서 보자.

پل

pal

पल

[중요]

마지막 위치에서 'laam'은 단어의 기본 높이보다 더 밑으로 내려온다. 이 경우는 단어의 앞이나 중간에 올 때와 다르다.

이것의 이해를 위해 아래 "pal"와 "palaT"를 살펴보자.

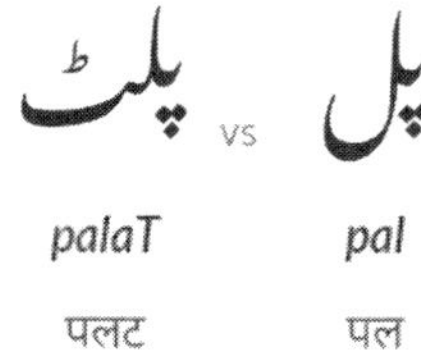

위 'pal'이라는 단어에서 'laam'은 마지막에 위치해 있고 'pe'와 결합 시 더 밑으로 내려가 있다. 반면 위 "palaT"의 경우 단어 중간에 위치하여 기본선 위로 올라가 있다.

아래는 "pal"을 나눠 놓은 것이다.

پل = ل + پ

pal	laam	pe
पल	लाम	पे

아래는 우르두어 시에서 가장 빈번히 사용되는 단어 중 하나인 "마음"을 뜻하는 "dil" (दिल)이라는 단어이다. 여기서 'laam'은 마지막에 위치해 비연결 문자로 사용되었다.

دل = ل + د

dil	laam	daal
दिल	लाम	दाल

"나이팅게일"을 의미하는 "bulbul" (बुलबुल)이라는 단어에서는 중간과 마지막에 위치한 'laam'을 볼 수 있다.

بلبل = ل + ب + ل + ب

bulbul	laam	be	laam	be
बुलबुल	लाम	बे	लाम	बे

18.3.4 몇몇 추가 단어들

아래는 'laam'이 들어가 있는 몇몇 추가 단어들이다.

لاغر	لاش	لادنا	لاج
laaGar	laash	laadnaa	laaj
लाग़र	लाश	लादना	लाज

لَچَر	لَجّا	لَتا	لِباس
lachar	lajjaa	lataa	libaas
लचर	लज्जा	लता	लिबास

لَڑنا	لَذَّت	لَخت	لَحَن
la.Dnaa	lazzat	laKHt	lahan
लड़ना	लज़्ज़त	लख़्त	लहन

لَسّی	لُبھانا	لَڈّو	لَرَزنا
lassii	lubhaanaa	laDDuu	laraznaa
लस्सी	लुभाना	लड्डू	लरज़ना

لَطیف	لُطف	لُغَت	لَعنَت
latiif	lutf	luGat	laanat
लतीफ़	लुत्फ़	लुग़त	लानत

لینا	لِفافہ	لَفظ	لَذیذ
lenaa	lifaafa	lafz	laziiz
लेना	लिफ़ाफ़ा	लफ़्ज़	लज़ीज
اَلِف	خِلاف	لِحاف	لیپنا
alif	KHilaaf	lihaaf	liipnaa
अलिफ़	ख़िलाफ़	लिहाफ़	लीपना
چَلنا	لالَچ	تَلَفُّظ	اَلفاظ
chalnaa	laalach	talaffuz	alfaaz
चलना	लालच	तलफ़्फ़ुज़	अलफ़ाज़
بُلوانا	بُلانا	خُلوص	دِلاسہ
bulvaanaa	bulaanaa	KHuluus	dilaasa
बुलवाना	बुलाना	ख़ुलूस	दिलासा
غَلَطی	عِلَّت	سُلانا	بُلبُلہ
Galatii	illat	sulaanaa	bulbula
ग़लती	इल्लत	सुलाना	बुलबुला

اُلٹا پَلٹنا شُعلہ جعلی
jaalii shola palatnaa ulTaa
जाली शोला पलटना उलटा
نَقلی چُلبُلا نیلا پَہلا
pahlaa niilaa chulbulaa naqlii
पहला नीला चुलबुला नक़ली
پَہیلی زُلف طَلَب حَلَف
halaf talab zulf pahelii
हलफ़ तलब ज़ुल्फ़ पहेली
بالِشت قَلب غِلاف بال
baal Gilaaf qalb baalisht
बाल ग़िलाफ़ क़ल्ब बालिश्त
زَوال حَلال جلال غُل
Gul jalaal halaal zavaal
गुल जलाल हलाल ज़वाल

دَلدَل فَصل حَل نَل
daldal fasl hal nal
दलदल फ़स्ल हल नल
غُلیل ذَلیل جَلیل عَلیل
Gulail zaliil jaliil aliil
गुलैल ज़लील जलील अलील
سُنبُل جال عادِل غافِل
sumbul jaal aadil Gaafil
सुम्बुल जाल आदिल ग़ाफ़िल
سبیل داخِل دَخل بُخل
sabiil daaKHil daKHl buKHl
सबील दाख़िल दख़्ल बुख़्ल
نیل بیل دَلیل تبدیل
niil bail daliil tabdiil
नील बैल दलील तब्दील

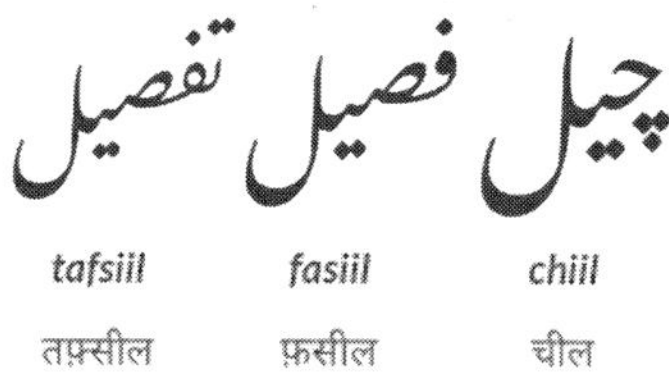

다음 과에서는 어떻게 '도 짜쉬미 헤'가 'kaaf' 그리고 'gaaf'와 결합하는지 배울 것이다.

18.4 '단어 형성 – XIX'

'miim'을 좀 더 살펴보기 전에 기억을 되살려 그 문자를 다시 보기로 하자.

18.4.1 문장 맨 앞에 올 때

어떻게 'miim'의 모양이 바뀌며 알리프와 결합하는지 살펴보기 위해 "어머니"라는 의미의 단어 "maa.n" (माँ)을 살펴보자.

위 단어에서 'miim'의 모양이 크게 변화하는 것을 인지하였는가? 비교를 위해 아래를 보자.

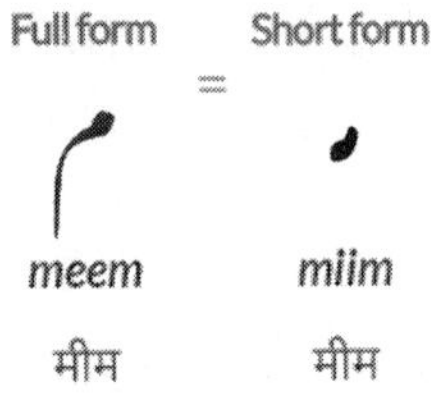

Full form = Short form

م

meem miim

मीम मीम

단축형 표기로 이 단어를 나눠 보면 아래와 같다.

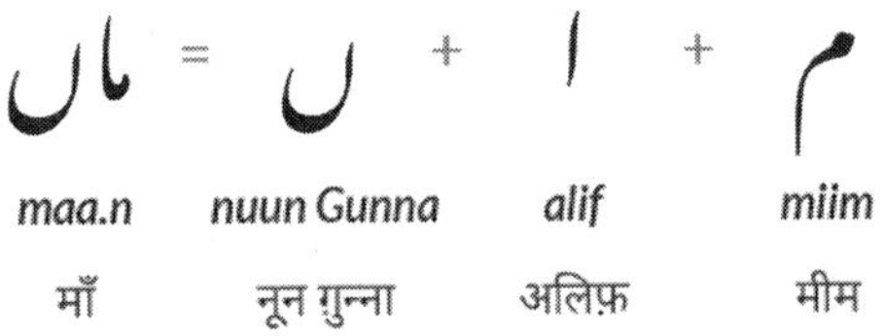

ماں = ں + ا + م

maa.n nuun Gunna alif miim

माँ नून ग़ुन्ना अलिफ़ मीम

"부/재고"를 의미하는 "maal" (माल)이라는 단어를 보자.

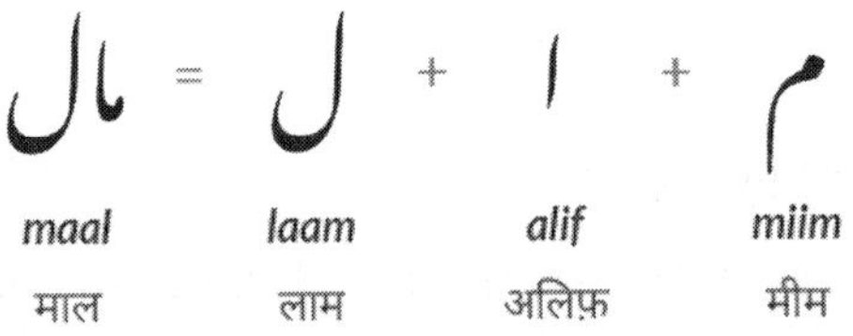

مال = ل + ا + م

maal laam alif miim

माल लाम अलिफ़ मीम

[흥미]

'maa.n'과 'maal', 이 두 예에서 외형이 비슷하다는 것을 인지하였을 것이다. 이것은 'nuun Gunna' 때문이다. 'laam'은 만곡(彎曲)느낌에서 비슷하나, 높이에서 실제 차이가 있다. 아래를 비교를 보라.

مال vs ماں

maal maa.n

माल माँ

위에 제시된 예는 어떻게 'miim'이 알리프와 결합하는지 보여주고 있다. 이제 "마음"이라는 의미의 "man" (मन)이라는 단어를 가지고 다른 자음과 결합하는 예를 살펴보자.

من = ن + م

man nuun miim

मन नून मीम

여기서 'miim'의 단축형에 있어 차이를 인지하였는가? 아래 비교를 보자.

Full form = Short form

م ﻣ

meem miim

मीम मीम

그러므로, "man"을 단축형을 사용해 표기하면 아래와 같다.

من = ن + م

man नूनmiim
मन नून मीम

한 단계 더 나아가, "달콤함"이라는 의미의 "miThaas" (मिठास)라는 단어를 살펴보자.

مٹھاس = س + ا + ٹھ + م

miThaas	siin	alif	Th	miim
मिठास	सीन	अलिफ़	ठ	मीम

18.4.2 단어의 중간에 올 때

단어 중간에 오는 'miim'의 단축형을 살펴보기 위해, "정원/번성하는 곳"이라는 의미의 "chaman" (चमन)이라는 단어를 살펴보자.

چمن

chaman

चमन

아래는 'miim'의 단축형 표기이다.

Full form	=	Short form
م		مـ
meem		*miim*
मीम		मीम

아래는 "chaman"이라는 단어를 단축형의 형태로 나눠 놓은 것이다.

چمن	=	ن	+	مـ	+	چـ
chaman		*nuun*		*miim*		*che*
चमन		नून		मीम		चे

비슷하게, "월/달"이라는 의미의 "qamar" (क़मर)라는 단어를 살펴보자.

قمر	=	ر	+	م	+	ق
qamar		*re*		*miim*		*qaaf*
क़मर		रे		मीम		क़ाफ़

18.4.3 단어 마지막에 올 때

다른 우르두어 문자에서 일반적인 것처럼, 'miim'도 단어 마지막에 올 때에는 그 모양이 바뀌지 않는다. "젖은/습한"이라는 의미의 "nam"

(नम)이라는 단어에서 이것을 볼 수 있다.

nam

नम

아래는 "nam"을 나눠 놓은 것이다.

نم	=	م	+	ن
nam		*miim*		*nuun*
नम		मीम		नून

거기에 알리프를 결합해 "이름"을 의미하는 "naam" (नाम)이라는 단어를 살펴보자.

نام	=	م	+	ا	+	ن
naam		*miim*		*alif*		*nuun*
नाम		मीम		अलिफ़		नून

아래는 단어 맨 앞의 'miim' 그리고 마지막에 올 때의 'miim' 문자를 보여주고 있다.

ميم = م + ی + م

miim		miim		chhoTii ye		miim
मीम		मीम		छोटी ये		मीम

18.4.4 추가 단어 몇몇들

아래는 'miim'을 사용한 몇몇 추가 단어들이다.

مُشتاق	مِزاج	مَرضی	مُشفِق
mushtaaq	mizaaj	marzii	mushfiq
मुश्ताक़	मिज़ाज	मरज़ी	मुश्फ़िक़
مُفت	مَعنی	مُعاف	مُضطرب
muft	maanaa	mu.aaf	muztarib
मुफ़्त	माना	मुआफ़	मुज़्तरिब
مفروضہ	مُلاقات	مِلاپ	مُلّا
mafruuza	mulaaqaat	milaap	mullaa
मफ़रूज़ा	मुलाक़ात	मिलाप	मुल्ला
مَزار	مِحنت	مَجال	مُقَدّر
mazaar	mehnat	majaal	muqaddar
मज़ार	मेहनत	मजाल	मुक़द्दर
موقع	مَندِر	مَنّت	مِژہ
mauqaa	mandir	mannat	mizha
मौक़ा	मंदिर	मन्नत	मिज़ा

مِحور	محراب	مینا	موٹر
mehvar	*mehraab*	*miinaa*	*motor*
मेहवर	मेहराब	मीना	मोटर
اَمانت	مَنَع	مِٹّی	مَدُھر
amaanat	*manaa*	*miTTii*	*madhur*
आमानत	मना	मिट्टी	मधुर
مَخمل	دِماغ	تماشا	بیمار
maKHmal	*dimaaG*	*tamaashaa*	*biimaar*
मख़मल	दिमाग़	तमाशा	बीमार
زمین	خُمار	حِمایَت	جَماعت
zamiin	*KHumaar*	*himaayat*	*jamaa.at*
ज़मीन	ख़ुमार	हिमायत	जमाअत
عِمارت	ضمیر	آسمان	شُمار
imaarat	*zamiir*	*aasmaan*	*shumaar*
इमारत	ज़मीर	आसमान	शुमार

روٗمال
ruumaal
रूमाल
مَمتا
mamtaa
मम्ता
ممّی
mammii
मम्मी
مُمتاز
mumtaaz
मुम्ताज़
اَمان
amaan
अमान
تمیز
tamiiz
तमीज़
ٹماٹر
TamaaTar
टमाटर
زَمانہ
zamaana
ज़माना
آم
aam
आम
رام
raam
राम
عام
aam
आम
بَم
bum
बम
ٹیم
Team
टीम
جُرم
jurm
जुर्म
تَمام
tamaam
तमाम
شمیم
shamiim
शमीम
اِمام
imaam
इमाम
اِنعام
in.aam
इंआम
نسیم
nasiim
नसीम
عَظیم
aziim
अज़ीम

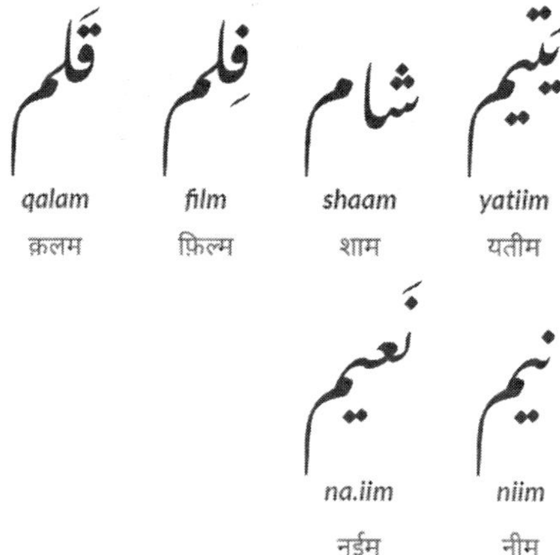
يَتيم
yatiim
यतीम
شام
shaam
शाम
فِلم
film
फ़िल्म
قَلم
qalam
क़लम
نيم
niim
नीम
نَعيم
na.iim
नईम

Unit 19
'kaaf' 그룹

도입

이제 'kaaf'와 'gaaf'로 구성된 'kaaf' 그룹 문자들을 살펴보자.

어떤 그룹의 문자들이 동일한 문자 형태를 공유하는 패턴으로 돌아가 보자. 이 경우 'kaaf'와 'gaaf'는 동일한 문자 형태를 공유한다. 그들은 단지 그들 위에 마르카즈(markaz)라 불리는 경사면(傾斜面) 수의 차이가 있다.

19.1 'kaaf'

'kaaf'는 영어 "kitten", "baking", "beak" 혹은 힌디 /우르두어 "कमरा",

"बकरी", "चमक"의 'k' 발음을 한다.

[중요]
여기서 'k'는 데바나가리 'क'로 표시된다. 그러나 이것은 'qaaf'에서 보았던 'q' (क़)와는 명백히 다르다.

19.2 'gaaf'

'gaaf'는 영어 "garden", "nagging", "bag" 혹은 힌디 /우르두어 "गर्दन", "मगर", "राग"의 'g' 발음을 한다.

[중요]
여기서 'g'는 데바나가리 'ग'로 표시된다. 그러나 이것은 'Gain'에서 보았던 'G' (ग़)와는 명백히 다르다.

19.3 '단어 형성 – XX'

연결 문자

'kaaf'와 'gaaf'는 연결 문자이며, 우리가 배웠던 대부분의 연결 문자의 경우처럼 동일한 결합 규칙을 따른다.

19.3.1 문장의 맨 앞에서

이 문자들은 문장의 맨 앞에서 두 개의 다른 단축형을 갖는다. 하나는 알리프와 'laam'과의 결합이다. 다른 하나는 이것들을 제외한 대부분의 문자들과의 결합이다. 첫 번째 단축형을 살펴보고 어떻게 그것들이 알리프와 'laam'과 결합하는지 보도록 하자.

کل   کا

kal   *kaa*

कल   का

명확히 하기 위해, 'kaaf'와 비교해 보자.

Full form = Short form

ک   ک

kaaf   *kaaf*

काफ़   काफ़

"~이라면"이라는 의미의 "kaash" (काश)라는 단어에 이 규칙이 적용된 것을 살펴보자.

کاش = ش + ا + ک

kaash   *shiin*   *alif*   *kaaf*

काश   शीन   अलिफ़   काफ़

단축형을 사용한 표기는 아래와 같다.

كاش	=	ش	+	ا	+	کـ
kaash		*shiin*		*alif*		*kaaf*
काश		शीन		अलिफ़		काफ़

비슷하게, “노래/노래하다”를 의미하는 “gaanaa” (गाना)라는 단어를 보자.

گانا	=	ا	+	ن	+	ا	+	گ
gaanaa		*alif*		*nuun*		*alif*		*gaaf*
गाना		अलिफ़		नून		अलिफ़		गाफ़

단축형으로 표기하면 아래와 같다.

گانا	=	ا	+	ن	+	ا	+	گـ
gaanaa		*alif*		*nuun*		*alif*		*gaaf*
गाना		अलिफ़		नून		अलिफ़		गाफ़

“내일/어제”를 의미하는 “kal” (कल)이라는 단어를 보자.

کل	=	ل	+	ـَ	+	ک
kal		*laam*		*zabar*		*kaaf*
कल		लाम		ज़बर		काफ़

단축형으로 표기하면 아래와 같다.

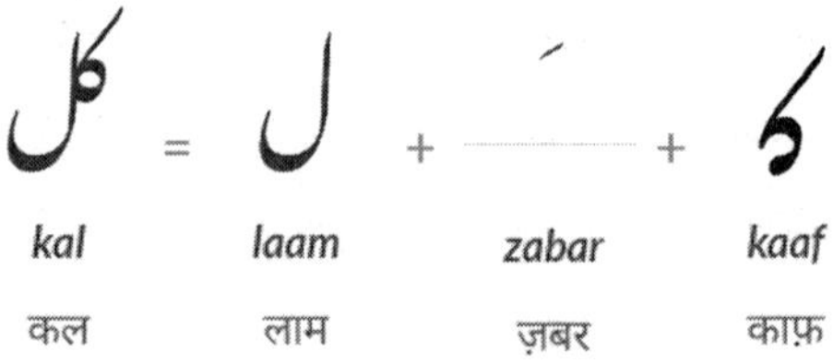

کل = ل + َ + ک

kal laam zabar kaaf

कल लाम ज़बर काफ़

위에 제시된 예들은 어떻게 이러한 문자들이 알리프와 결합하였는지를 보여주고 있다. 여기서는 그들이 다른 자음과 결합한 단어들과 그것들의 두 번째 단축형을 살펴보기로 하자.

"언제"라는 의미의 "kab" (कब)이라는 단어로 예를 들어 보자.

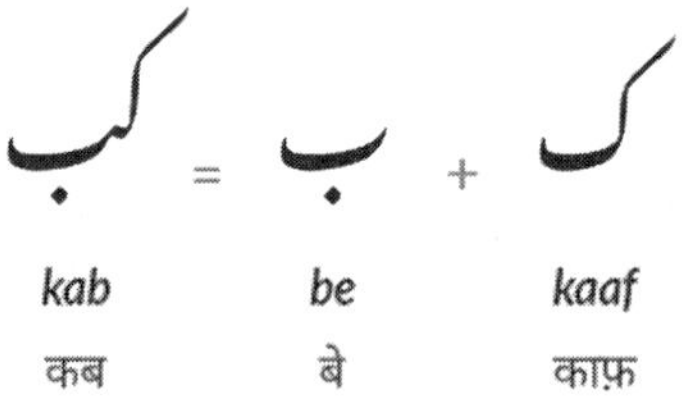

کب = ب + ک

kab be kaaf

कब बे काफ़

아래에 제시한 대로 'kaaf'의 단축형이 다름을 우리는 여기서 확실히 볼 수 있다.

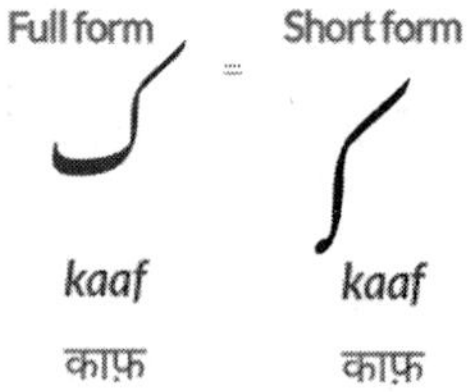

Full form = Short form

ک = ک

kaaf kaaf

काफ़ काफ़

위에서 제시한 "kab"이라는 단어는 아래처럼 단축형으로 표기할 수 있다.

کب = ب + ک

kab be kaaf

कब बे काफ़

"측정단위/1 야드"라는 의미의 "gaz" (गज़)라는 단어는 아래와 같다.

گز = ز + گ

gaz ze gaaf

गज़ ज़े गाफ़

비슷하게 "책"이라는 의미의 "kitaab" (किताब)이라는 단어는 아래와 같다.

کتاب = ب + ا + ت + ک

kitaab be alif te kaaf

किताब बे अलिफ़ ते काफ़

19.3.2 단어의 중간에 올 때

이 문자들이 단어의 중간에 올 때의 단축형을 보기 위해 "근심/걱정"이라는 의미의 "fikr" (फ़िक्र)라는 단어를 살펴보자.

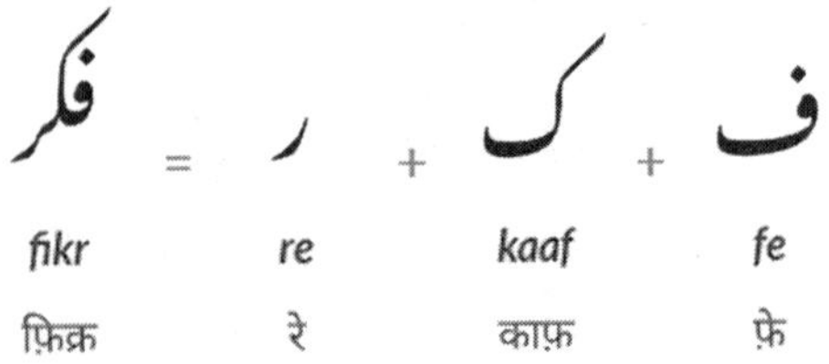

فکر = ر + ک + ف

fikr		re		kaaf		fe
फ़िक्र		रे		काफ़		फ़े

단어 중간에 올 때의 단축형은 아래에 제시한 대로 단어 앞에 올 때의 모양과 단축형이 상당히 비슷하다.

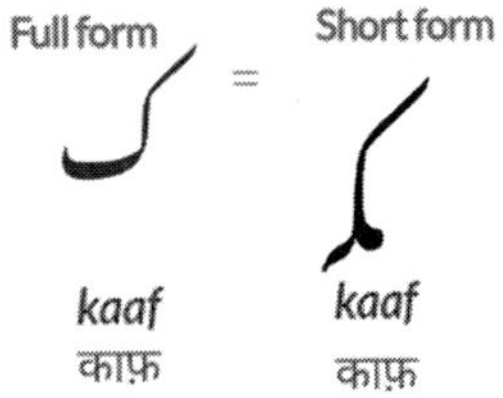

Full form		Short form
ک	=	ﻛ
kaaf		kaaf
काफ़		काफ़

아래는 "fikr"를 단축형으로 표기한 것이다.

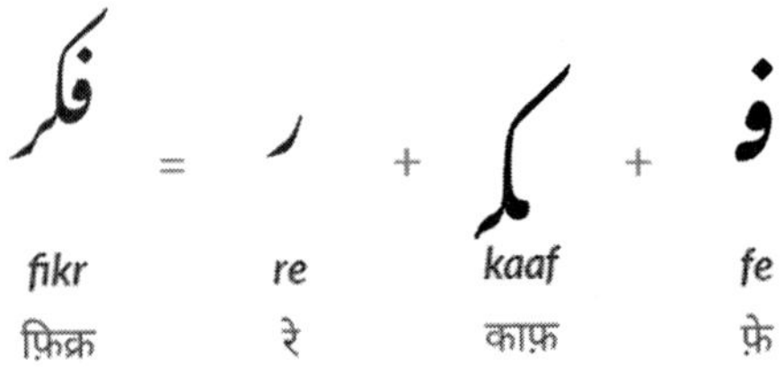

فکر = ر + ﻛ + ﻓ

fikr		re		kaaf		fe
फ़िक्र		रे		काफ़		फ़े

[흥미]

전에 배웠던 모든 규칙을 확실하게 하기 위해 다시 한번 "fikr"라는 단어를 보자. 그러나 이번에는 발음 기호가 있다.

فِکر = فکر

fikr *fikr*

फ़िक्र फ़िक्र

"마을/도시"를 의미하는 "nagar" (नगर)라는 단어를 보자.

نگر = ر + گ + ن

nagar *re* *gaaf* *nuun*

नगर रे गाफ़ नून

아래는 "틈/결점"이라는 의미의 "shigaaf" (शिगाफ़)라는 단어이다.

شگاف = ف + ا + گ + ش

shigaaf *fe* *alif* *gaaf* *shiin*

शिगाफ़ फ़े अलिफ़ गाफ़ शीन

19.3.3 단어 마지막에 올 때

우르두어의 다른 문자들과 마찬가지로 단어 마지막에 올 때 'fe'와 'qaaf'는 모양이 변하지 않는다. "의심/혐의"라는 의미의 "shak" (शक)라는 단어를 보자.

shak

शक

단어 마지막에 오는 'qaaf'는 모양이 변하지 않았다. 아래는 "길"을 뜻하는 'sadak' (सड़क)이라는 단어이다.

سڑک	=	ک	+	ڑ	+	س
sadak		kaaf		Ḍe		siin
सड़क		काफ़		ड़े		सीन

گ	ک
gaaf	kaaf
गाफ़	काफ़

아래는 지금까지 배운 문자들이 포함된 추가 단어들이다.

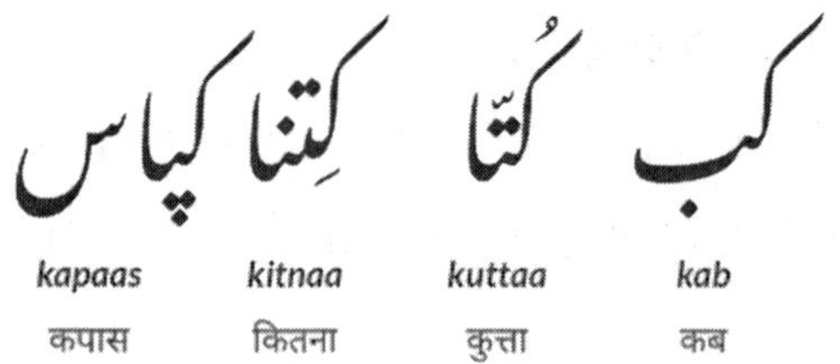

kapaas	kitnaa	kuttaa	kab
कपास	कितना	कुत्ता	कब

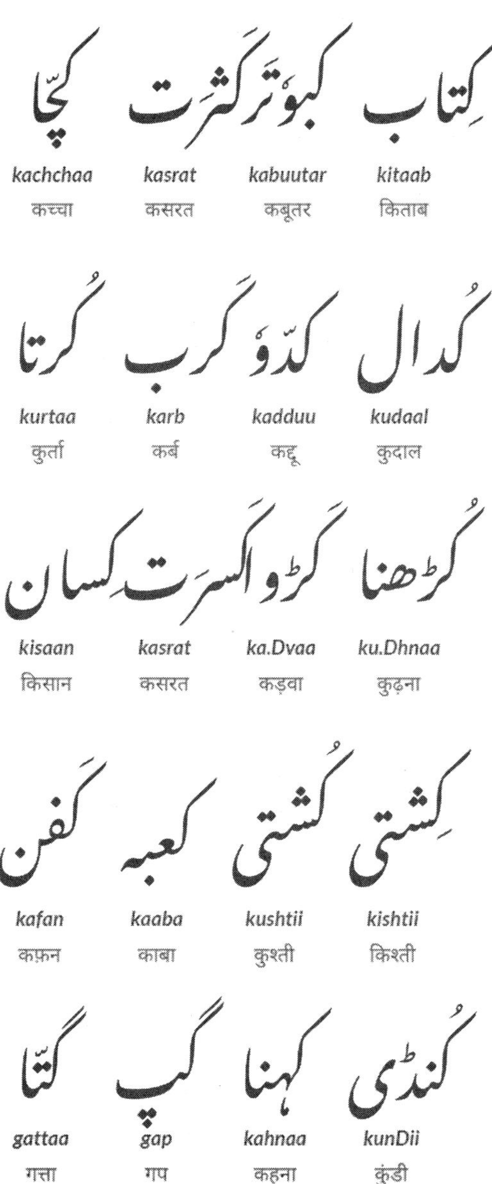

کچا کثرت کبوتر کتاب
kachchaa kasrat kabuutar kitaab
कच्चा कसरत कबूतर किताब
کرتا کرب کدو کدال
kurtaa karb kadduu kudaal
कुर्ता कर्ब कद्दू कुदाल
کسان کسرت کڑوا کڑھنا
kisaan kasrat ka.Dvaa ku.Dhnaa
किसान कसरत कड़वा कुढ़ना
کفن کعبہ کشتی کشتی
kafan kaaba kushtii kishtii
कफ़न काबा कुश्ती किश्ती
گتا گپ کہنا کنڈی
gattaa gap kahnaa kunDii
गत्ता गप कहना कुंडी

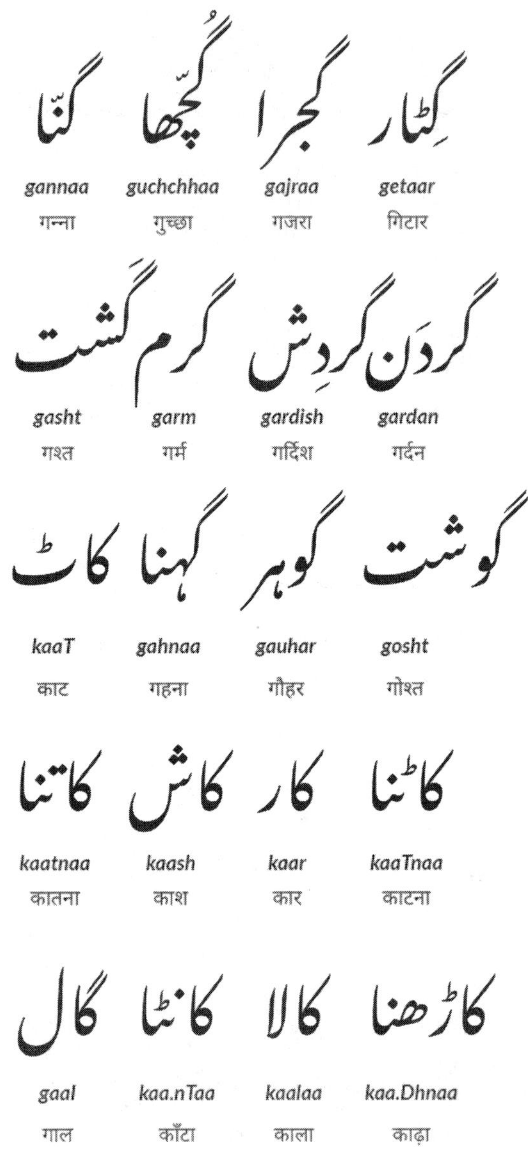

گنّا
gannaa
गन्ना
گُچّھا
guchchhaa
गुच्छा
گجرا
gajraa
गजरा
گِٹار
getaar
गिटार
گشت
gasht
गश्त
گرم
garm
गर्म
گردِش
gardish
गर्दिश
گردَن
gardan
गर्दन
کاٹ
kaaT
काट
گہنا
gahnaa
गहना
گوہر
gauhar
गौहर
گوشت
gosht
गोश्त
کاتنا
kaatnaa
कातना
کاش
kaash
काश
کار
kaar
कार
کاٹنا
kaaTnaa
काटना
گال
gaal
गाल
کانٹا
kaa.nTaa
काँटा
کالا
kaalaa
काला
کاڑھنا
kaa.Dhnaa
काढ़ा

گالی گالا گاڑی گانا
gaalii gaalaa gaa.Dii gaanaa
गाली गाला गाड़ी गाना
کلیم کلونجی کلا کل
kaliim kalo.nji kalaa kal
कलीम कलोंजी कला कल
گل کلاس کلش کلب
gul class kalash calub
गुल क्लस कलश कलब
اکڑنا گلاس گلانا گلاب
aka.Dnaa gilaas galaanaa gulaab
अकड़ना गिलास गलाना गुलाब
سکون شکن جکڑنا پکڑنا
sukuun shikan jaka.Dnaa paka.Dnaa
सुकून शिकन जकड़ना पकड़ना

چھکڑا chhak.Daa छकड़ा
پھکّڑ phakka.D फक्कड़
سُکڑنا suka.Dnaa सुकड़ना
مکڑی mak.Dii मकड़ी
نوکری nokarii नोकरी
ناگری naagarii नागरी
جگری jigrii जिगरी
دیگر diigar दीगर
بِگڑنا biga.Dnaa बिगड़ना
جاگنا jaagnaa जागना
لکڑی lak.Dii लकड़ी
خرگوش KHargosh ख़रगोश
چھینکنا chhii.nknaa छींकना
پَکانا pakaanaa पकाना
اُپکار upkaar उपकार
چُکانا chukaanaa चुकाना
شکار shikaar शिकार
لگام lagaam लगाम
بنگال bengaal बंगाल
جنگل jungle जंगल

شکل اَنکل ایک رُک
ruk ek uncle shakl
रुक एक अंकल शक्ल
نیک اَدرک ڈاک پھینک
phe.nk Daak adrak nek
फेंक डाक अदरक नेक
جھانک آگ راگ ناگ
naag raag aag jhaa.nk
नाग राग आग झाँक
جگ نگ بیگ بھنگ
bha.ng baig nag jag
भंग बैग नग जग
ڈھنگ رنگ سنگ جنگ
ja.ng sa.ng ra.ng Dha.ng
जंग संग रंग ढंग

maa.ng

माँग

19.4 '도 짜쉬미 헤'가 있는 경우

대기음

'be'나 'jiim' 등과 같이 전에 우리가 본 다른 문자 그룹들처럼 '도 짜쉬미 헤'는 'kaaf'와 'gaaf' 그룹 문자들과 두 개의 대기음, 즉 'kh'와 'gh' 소리를 내기 위해 결합한다. 아래에서 그 예를 살펴보자.

gh	kh
घ	ख

이것을 나눠 보면 아래와 같다.

kh	=	do chashmii he	+	kaaf
ख		दो चश्मी हे		काफ़

'gaaf'가 있는 경우이다.

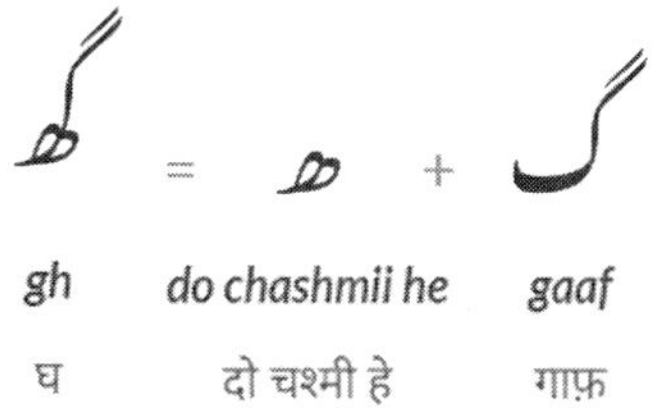

گھ = ھ + گ

gh | do chashmii he | gaaf

घ | दो चश्मी हे | गाफ़

[주목]

'bh'나 'jh'와 같은 대기음을 전에 우리가 발음했던 것과 비슷하게, 'kh'나 'gh'도 아래 예에서 개별 문자로 취급한다.

19.4.1 알리프와 함께

이러한 새로운 대기음이 쓰인 것을 보기 위해, "먹음/먹다"라는 의미의 "khaa" (खा)라는 단어를 보자.

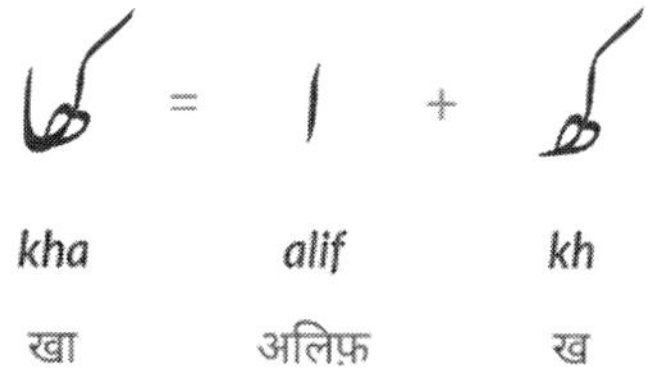

کھا = ا + کھ

kha | alif | kh

खा | अलिफ़ | ख

한 단계 더 나아가, "음식/먹다"라는 의미의 "khaanaa" (खाना)라는 단어를 보자.

کھانا = ا + ن + ا + کھ

khaanaa | alif | nuun | alif | kh

खाना | अलिफ़ | नून | अलिफ़ | ख

"강둑/부두"라는 의미의 "ghaaT" (घाट)라는 단어를 보자.

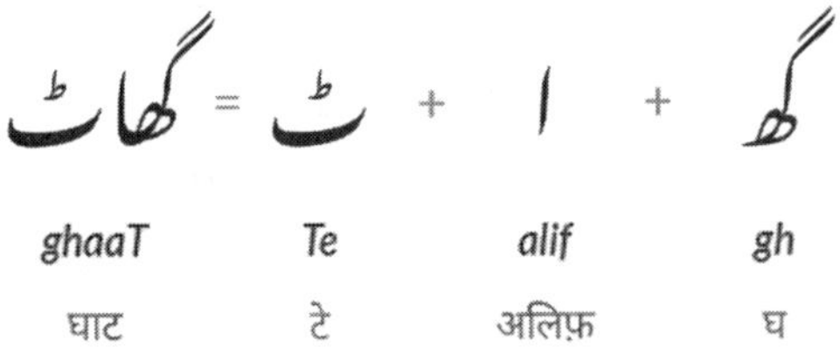

گھاٹ = ٹ + ا + گھ

ghaaT	Te	alif	gh
घाट	टे	अलिफ़	घ

19.4.2 다른 자음과 쓰인 경우

'kh'와 'gh'가 다른 자음과 쓰인 경우를 "집/가정"이라는 의미의 "ghar" (घर)를 포함한 몇몇 단어에서 찾아보자.

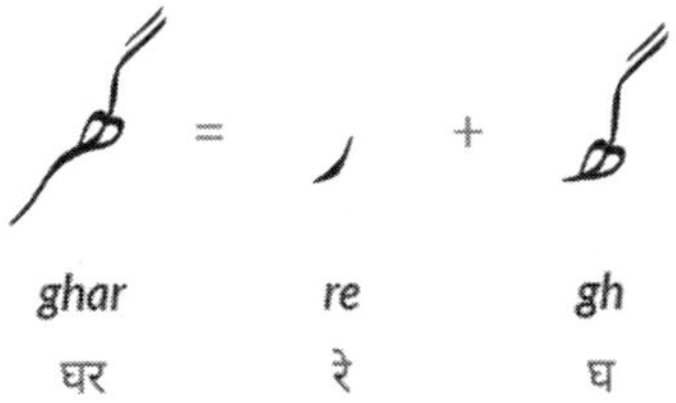

گھر = ر + گھ

ghar	re	gh
घर	रे	घ

아래는 "행복/안정"이라는 의미의 "sukh" (सुख)라는 단어이다.

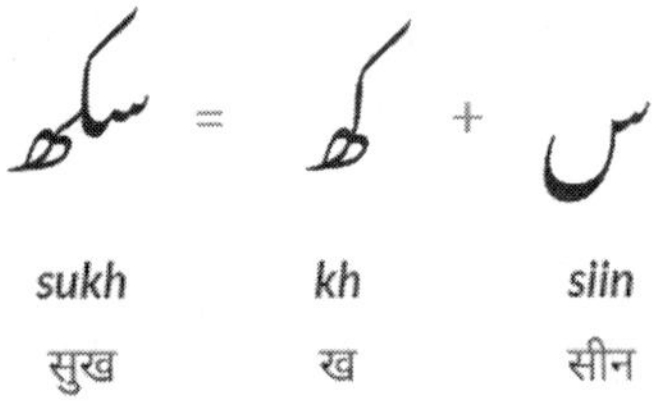

سکھ = کھ + س

sukh	kh	siin
सुख	ख	सीन

한 단계 더 나아가, "마른/갈증나는/가문"이라는 의미의 "suukhaa"

(सूखा)라는 단어이다.

سوکھا	=	ا	+	کھ	+	و	+	س
suukhaa		alif		kh		vaao		siin
सूखा		अलिफ़		ख		वाओ		सीन

19.4.3 몇몇 추가 단어들

아래는 단어 실력을 향상시켜 줄 추가 단어들이다.

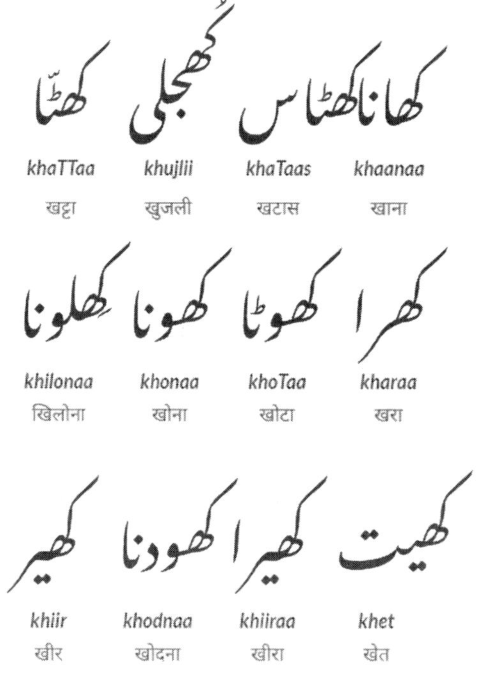

سیکھا	پنکھا	چکھنا	کھُر
siikhaa	*pa.nkhaa*	*chakhnaa*	*khur*
सीखा	पंखा	चखना	खुर
آنکھ	نِکھرنا	مکّھی	دیکھنا
aa.nkh	*nikharnaa*	*makkhii*	*dekhnaa*
आँख	निखरना	मक्खी	देखना
دیکھ	چکھ	ساکھ	راکھ
dekh	*chakh*	*saakh*	*raakh*
देख	चख	साख	राख
پَرَکھ	سُکھ	دُکھ	سیکھ
parakh	*sukh*	*dukh*	*siikh*
परख	सुख	दुख	सीख
گھٹانا	گھٹا	گھبرانا	گھاس
ghaTaanaa	*ghaTaa*	*ghabraanaa*	*ghaas*
घटाना	घटा	घबराना	घास

گھڑی گھر گھریلو گھنا
ghanaa ghareluu ghar gha.Dii
घना घरेलू घर घड़ी
گھوڑا گھولنا گھورنا گھٹیا
ghaTiyaa ghuurnaa gholnaa gho.Daa
घटिया घूरना धोलना धोड़ा
گھن بگھی گھنگھور کنگھا
ka.nghaa ghanghor bagghii ghun
कंघा घंघोर बग्घी घुन
سونگھنا بگھارنا پنگھٹ میگھ
megh panghaT baghaarnaa suu.nghnaa
मेघ पंघट बघारना सूँघना
سونگھ
suu.ngh
सूँघ

Unit 20
'hamza'

도입

이제 특수 문자인 '함자'에 대해 알아볼 시간이다. 이 문자의 정확한 형태는 아래와 같다.

ء

hamza

हम्ज़ा

이 문자는 "귀족/족장"을 의미하는 단어 'amiir'의 복수형인 "umara"나 "학자"를 뜻하는 "aalim"의 복수형인 "ulama"와 같은 어떤 복수형 아랍어 단어의 마지막에 붙인다. 아래 예에서 어떻게 함자가 이러한 단어들의 마지막에 왔는지 살펴보자.

ulama　　umara

उलमा　　उमरा

[중요]

이러한 함자의 형태는 'ain' 문자의 윗부분 반과 닮았다. 이러한 표기는 더 이상 일상 생활에서는 사용되지 않고, 오래된 텍스트에서만 쓰인다는 점을 기억해야 한다.

이중 모음

우르두어에는 이중 모음이 동시에 쓰이는 단어가 아주 많다. 예를 들어 "aa.e"(आए), "ga.ii" (गई), "jaa.o" (जाओ), "laa.iye" (लाइए) 등이 그것이다.

함자도 이중 모음이다. 우르두어에서 함자의 제일 중요한 사용은 이중 모음으로 된 단어의 연속에서 각 모음을 개별적으로 발음하라는 뜻이다.

문서 작성 시 이러한 차이를 위해, 함자는 두 번째 모음 위에 아래와 같은 형태로 위치한다.

ٔ

hamza

हम्ज़ा

이것의 예를 보기 위해, "왔다"를 의미하는 "aa.e" (आए)라는 단어를 보자.

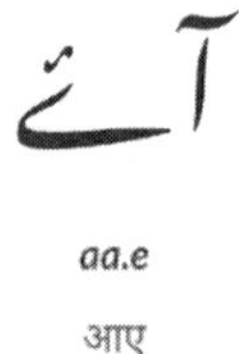

aa.e

आए

위에서 언급한 "aa.e" (आए)는 '알리프 마드'와 '바리예'로 표기된 두 개의 장모음 "aa" (आ)와 "e" (ए)의 결합으로 이루어졌다. 한 단어에서 모음 두 개가 따로따로 발음되기 때문에, 함자는 연속된 모음 중에서 두 번째 모음이 위치한 바리예 위에 놓였다. 이것을 나눠 보면 아래와 같다.

آئے = ے + آ

aae	=	*badi ye*	+	*alif madd*
आए		बड़ी ये		अलिफ़ मद

[중요]

'함자'는 개별 소리를 내기 위해 모음 위에 놓인다는 점을 기억하자. 함자 그 자체는 위에 나눠 놓은 단어에서 볼 수 있듯이 단어 형성의 구성원으로서의 역할을 하지 않는다.

20.1 '함자' 심화 학습

몇 개의 이중 모음 결합 문자를 살펴보자. 그리고 어떻게 함자가 두 모음 사이에서 차이를 만들어 내는지 알아보자.

20.1.1 'aa' (आ) + 'e' (ए)

우리는 이미 어떻게 "aa.e" (आए)가 바리예 위에 함자와 함께 사용되었는지 살펴보았다. 비슷한 맥락으로 "가져왔다"를 의미하는 'laa.e' (लाए)라는 단어를 보자.

لائے	=	ے	+	ا	+	ل
laa.e		*ba.Dii ye*		*alif*		*laam*
लाए		बड़ी ये		अलिफ़		लाम

Kursi/자리

여기서 함자는 바리예 위에 위치하였다. 함자를 위해 이처럼 자리를 맡아 놓는 역할을 하는 문자를 꾸르시(kursii, 원뜻은 의자)라 부른다. 이 기본 개념을 이해하는 것은 중요하다. 왜냐하면 다음 예시에서 우리의 이해를 크게 도울 것이기 때문이다.

비슷하게, "먹었다"라는 "khaa.e" (खाए)라는 단어가 있다.

کھائے	= ے	+ ا	+ کھ
khaa.e	*baD.ii ye*	*alif*	*kh*
खाए	बड़ी ये	अलिफ़	ख

"~대신에"라는 의미의 "bajaa.e" (बजाए)라는 단어가 있다.

بجائے	= ے	+ ا	+ ج	+ ب
bajaa.e	*ba.Dii ye*	*alif*	*jiim*	*be*
बजाए	बड़ी ये	अलिफ़	जीम	बे

20.1.2 'aa' (आ) **+ 'ii'** (ई)

"왔다"를 의미하는 "aa.ii" (आई)라는 단어에서 'aa' (आ)와 'ii' (ई)의 결합에 대해 살펴보도록 하자.

aa.ii

आई

[중요]

'초띠예'가 알리프 마드가 쓰인 장모음 'aa'의 뒤에 와서 단어 맨 마지막에 위치할 때, 'be'의 단축형과 비슷한 쇼샤는 함자가 자신 위에 놓은 '초띠예'와 연결해 쓰인다.

짐작한대로, 이 쇼샤가 함자의 자리인 꾸르시가 되었다. 함자는 항상 꾸르시를 갖는다.

더 나은 이해를 위해서, 아래는 단독으로 표기한 쇼샤이다.

hamzaa above shoshaa

शोशे पर हम्ज़ा

아래는 동일한 쇼샤가 함자를 동반하는 것을 볼 수 있는 단어, “형제”라는 의미의 “bhaa.ii” (भाई)이다.

بھائی	=	ی	+	ا	+	بھ
bhaa.ii		*chhoTii ye*		*alif*		*bh*
भाई		छोटी ये		अलिफ़		भ

“2와 ½”을 의미하는 “Dhaa.ii” (ढाई)라는 단어도 동일한 규칙을 보여주고 있다.

ڈھائی	=	ی	+	ا	+	ڈھ
Dhaa.ii		*chhoTii ye*		*alif*		*Dh*
ढाई		छोटी ये		अलिफ़		ढ

20.1.3 ‘aa’ (आ) + ‘o’ (ओ)

“와라”라는 의미의 “aao” (आओ)라는 단어는 두 모음, ‘aa’ (आ)와 ‘o’

(ओ)가 결합한 것이다.

آوٗ

aao

आओ

위의 예에서, 함자는 꾸르시인 'vaao'가 'o'라고 하는 독자적인 소리가 나는 것을 표시하기 위해 'vaao' 위에 직접 붙었다. 이 규칙을 따르면서 어떻게 'vaao'가 쓰였는지 아래의 예에서 확인해 보자.

واؤ	=	و	+	ا	+	و
vaao		*vaao*		*alif*		*vaao*
वाओ		वाओ		अलिफ़		वाओ

한 단계 더 나아가, "만들어라"라는 의미의 "banaao" (बनाओ)라는 단어를 보자.

بناؤ	=	و	+	ا	+	ن	+	ب
banaao		*vaao*		*alif*		*nuun*		*be*
बनाओ		वाओ		अलिफ़		नून		बे

"이해시키다"라는 의미의 "samjhaao" (समझाओ)라는 단어는 위의 규칙을 설명하기에 좋은 예이다.

سمجھاؤ =	و +	ا +	جھ +	م +	س
samjhaao	vaao	alif	jhe	miim	siin
समझाओ	वाओ	अलिफ़	झे	मीम	सीन

20.1.4 'aa' (आ) + 'i' (इ)

장모음 'aa' (आ) 다음에 단모음 'i' (इ)가 오는 몇몇 예를 설명하고자 한다. 우리는 우르두어에서 단모음은 단어 끝에 오지 않는 것을 알고 있다. 그러므로 이 결합은 "보이지 않는/사라진"이라는 의미의 "Gaa.ib" (ग़ाइब) (종종 "Gaayab" (गायब)으로도 쓰인다)이라는 단어처럼 중간에 와서 결합하는 단어들로 구성된다.

Gaa.ib
ग़ाइब

[흥미]

우리는 함자가 자신 뒤에 있는 자음 앞에서 두 번째 모음 소리를 내기 위해 쇼샤로 문자 위에 자리하는 것을 볼 수 있다. 아래는 "Gaa.ib" (ग़ाइब)이라는 단어를 나눠 놓은 것인데 어떻게 이 단어가 구성되어 있는가를 보여준다.

غائب	=	ب	+	اِ	+	ا	+	غ
Gaa.ib		***be***		***alif zer (i)***		***alif***		***Gain***
ग़ाइब		बे		अलिफ़ ज़ेर (इ)		अलिफ़		ग़ैन

[중요]

위의 예에서, 알리프는 'Gaa'를 만드는 'Gain'에 장모음 'aa'(आ) 소리를 내게 해 준다. 그러나 알리프 제르가 만든 단모음 'i' (इ)는 마지막으로 'be'와 결합 전에 자신 위에 함자를 동반하는 쇼샤로 표기된다. 이 규칙은 이 결합이 나타나는 모든 이러한 단어에 적용된다.

비슷하게 "올바른/법을 준수하는" 의미의 "jaa.iz" (जाइज़)라는 단어가 있다. 이 단어는 종종 "jaayaz" (जायज़)로 쓰기도 한다.

جائز	=	ز	+	اِ	+	ا	+	ج
jaa.iz		***ze***		***alif zer (i)***		***alif***		***jiim***
जाइज़		ज़े		अलिफ़ ज़ेर (इ)		अलिफ़		जीम

아래는 "보여주다/전시하다"라는 의미의 "numaa.ish" (नुमाइश)이다.

نمائش	=	ش	+	اِ	+	ا	+	م	+	ن
numaa.ish		***shiin***		***alif zer (i)***		***alif***		***miim***		***nuun***
नुमाइश		शीन		अलिफ़ ज़ेर (इ)		अलिफ़		मीम		नून

20.1.5 'aa' (आ) + 'i' (इ) + 'y' (य) + 'e' (ए)

한 단계 더 나아가, 우리가 위에서 배운 규칙을 적용해 'aa'와 'i'의 결합 후에 자음 'y' (य)와 모음 'e' (ए)가 오는 단어를 살펴보자. "오세요"라는 의미의 "aa.iye" (आइये)라는 단어로 시작해 보자.

آئیے

aa.iye

आइये

이것을 설명하기 전에, 어떻게 이 단어가 구성되었는지 보기 위해 이 단어를 나눠 보자.

آئیے	=	ے	+	ی	+	اِ	+	آ
aa.iye		*ba.Dii ye*		*chhoTii ye*		*alif zer (i)*		*alif madd*
आइये		बड़ी ये		छोटी ये		अलिफ़ ज़ेर (इ)		अलिफ़ मद

이것을 더 잘 이해하기 위해서, 어떻게 "aa.iye"가 구성되었는지 아래에서 살펴보자.

- 알리프 첫 번째 모음에 올 때, 장모음 'aa' (आ)가 된다.
- 알리프 제르가 두 번째 모음에 올 때, 단모음 'i' (इ)가 된다.
- 초띠예는 자음 'y' (य)로 발음한다.
- 바리예는 모음 'e' (ए)로 발음한다.

단어 "aa.iye"의 마지막 표기에서, 단모음 'i'는 초띠예의 단축형 위에 놓여 있는 함자로 표현된다(우리가 이전 과에서 보았던 규칙과 유사하다). 여기서 함자는 그 자체의 꾸르시를 필요로 하지 않는다. 왜냐하면 꾸르시는 이미 초띠예의 단축 형태로 제시되었기 때문이다.

위에 언급한 동일한 규칙을 따르면서, "가세요"라는 의미의 "jaa.iye" (जाइये)라는 단어를 아래에서 확인하자.

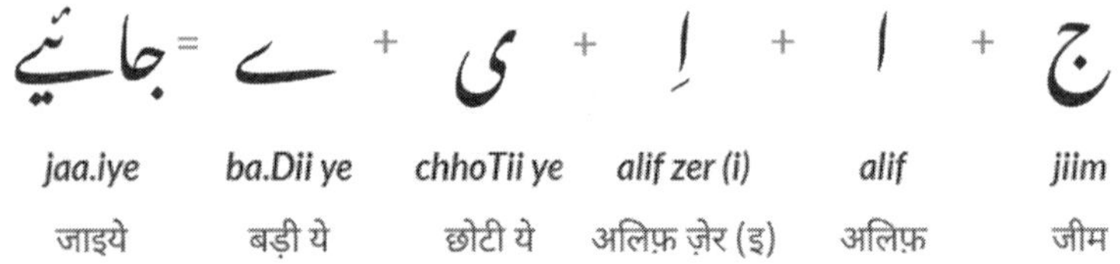

جائیے =	ے +	ی +	اِ +	ا +	ج
jaa.iye	*ba.Dii ye*	*chhoTii ye*	*alif zer (i)*	*alif*	*jiim*
जाइये	बड़ी ये	छोटी ये	अलिफ़ ज़ेर (इ)	अलिफ़	जीम

"말해 주세요"라는 의미의 "farmaa.iye" (फ़रमाइये)라는 단어를 확인해 보자.

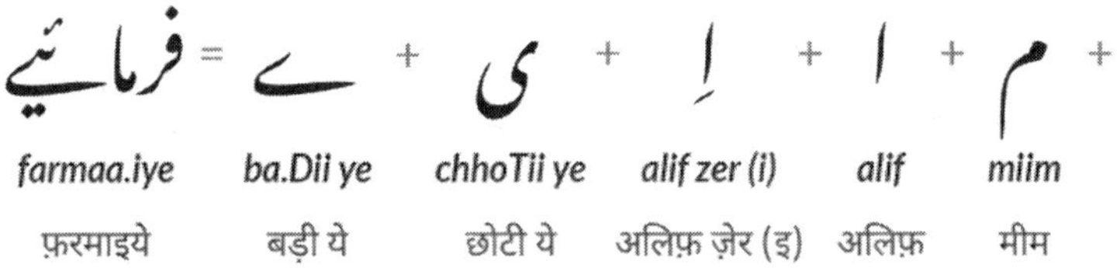

فرمائیے =	ے +	ی +	اِ +	ا +	م +
farmaa.iye	*ba.Dii ye*	*chhoTii ye*	*alif zer (i)*	*alif*	*miim*
फ़रमाइये	बड़ी ये	छोटी ये	अलिफ़ ज़ेर (इ)	अलिफ़	मीम

20.1.6 'aa' (आ) + 'uu' (ऊ)

이제 더 단순하지만, 여전히 흥미로운 결합인 'aa' (आ)와 'uu' (ऊ)를 살펴보자. 이를 위해 "괴롭히다"라는 의미의 "maa.uuf" (माऊफ़)라는 단어를 살펴보자.

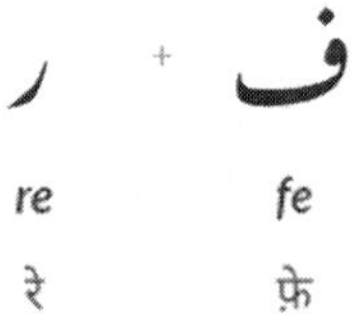

ر +	ف
re	*fe*
रे	फ़े

설명을 더 하기 전에, 위 단어를 나눠 보면 아래와 같다.

maa.uuf

माऊफ़

이것을 조금 더 단순화하면 아래와 같다.

ماؤف	=	ف	+	اُو	+	ا	+	م
maa.uuf		*fe*		*alif pesh vaao (uu)*		*alif*		*miim*
माऊफ़		फ़े		अलिफ़ पेश वाओ (ऊ)		अलिफ़		मीम

아래는 이해를 돕기 위해 "maa.uuf"가 어떻게 구성되었는가를 보여주고 있다.

'miim'은 알리프와 결합해 첫 번째 모음인 'aa' (आ)가 되고 "maa" 소리가 된다.

두 번째 모음 'uu' (ऊ)를 나타내는 'vaao'는 'alifpeshvaao'의 결합으로 표기되었다.

'vaao는 또한 함자를 위해 꾸르시를 제공하였다. 따라서 'uu'의 발음을 해야 하고 궁극적으로는 "maa.uu"가 되었다.

마지막 위치에 있는 'fe는 "maa.uuf"라는 단어를 완성한다.

비슷하게, "David"를 음사한 "daa.uud" (दाऊद)라는 단어를 보자.

داؤد	=	د	+	و	+	ا	+	د
daa.uud		*daal*		*vaao*		*alif*		*daal*
दाऊद		दाल		वाओ		अलिफ़		दाल

20.1.7 ‘o’ (ओ) + ‘ii’ (ई)

이 결합은 전에 배웠던 것보다 쉽다. 장모음 ‘o’(ओ)와 ‘ii’ (ई)가 결합된 것을 보기 위해 “잤다/잠”이라는 의미의 “so.ii” (सोई)라는 단어를 보자.

سوئی

so.ii

सोई

단어 “so.ii”는 함자를 위한 자리를 제공하기 위해 초띠에 전에 쇼샤를 덧붙였다는 것을 쉽게 이해할 수 있을 것이다. 이것은 우리가 전에 배웠던 규칙들과 완전히 일치하는 것이다. 이것을 나눠 보면 아래와 같다.

سوئی	=	ی	+	و	+	س
so.ii		*chhoTii ye*		*vaao*		*siin*
सोई		छोटी ये		वाओ		सीन

비슷하게, “누군가”를 의미하는 “ko.ii” (कोई)라는 단어를 아래에서 보자.

کوئی = ی + و + ک

ko.ii　chhoTii ye　vaao　kaaf

कोई　छोटी ये　वाओ　काफ़

20.1.8 'uu' (ऊ) + 'ii' (ई)

장모음 'uu' (ऊ)와 'ii' (ई)의 결합은 금방 눈에 띄고 'uu' 음가를 갖는 'vaao' 문자의 이전 경우와 상당히 유사하다. "바늘"이라는 의미의 "suu.ii"(सूई)라는 단어로 예를 들어 보자.

سوئی

suu.ii

सूई

그런데 여기서 의문점이 생길 것이다. 왜 "so.ii"라고 쓰지 않는가?

이것은 전에 계속 언급했던 발음 기호 때문이다. "suu.ii"라는 단어에서 'siin' 위에 뻬쉬가 있다. 따라서 그것은 'vaao'와 결합해 'suu' 소리를 낸다. 아래 비교를 보자.

سُوئی vs سوئی

suu.ii　so.ii

सूई　सोई

발음 기호의 부재가 빈번한 우르두어의 인쇄 매체 속에서, 단어가 실제로 의미하는 것은 그것이 속한 문장의 문맥에 의해 명확해진다.

비슷하게, '솜/면화"을 의미하는 "ruu.ii" (रूई)라는 단어를 보자.

روئی =	ی +	و +	ر
ruu.ii	*chhoTii ye*	*vaao*	*re*
रूई	छोटी ये	वाओ	रे

20.1.9 'o' (ओ) + 'i' (इ) + 'y' (य) + 'e' (ए)

19.2.5에서 배운 것과 아주 유사하게, 장모음 'o'(ओ)와 단모음 'i' (इ)가 결합하고 그 뒤에 자음 'y' (य)와 모음 'e' (ए)가 오는 단어를 보라. "주무세요"라는 의미의 "so.iye" (सोइये)라는 단어를 보자.

سوئیے

so.iye

सोइये

이것을 나눠 보면 아래와 같다.

سوئیے =	ے +	ی +	اِ +	و +	س
so.iye	*ba.Dii ye*	*chhoTii ye*	*alif zer (i)*	*vaao*	*siin*
सोइये	बड़ी ये	छोटी ये	अलिफ़ ज़ेर (इ)	वाओ	सीन

이것을 더 잘 이해하기 위해 아래 설명을 참고하라.

'siin'은 'vaao'와 결합하여 첫 번째 모음은 'o' (ओ) 소리가 된다.

'알리프 제르'는 두 번째 모음에 와서 단모음 'i' (इ) 소리가 난다.

'초띠예'는 자음 'y' (य) 소리가 난다.

'바리예'는 모음 'e' (ए) 소리가 난다.

"so.iye"라는 단어의 마지막 표기에서 단모음 'i'는 초띠예의 단축형 위에 놓인 함자로 표현된다(우리가 이전 과에서 보았던 규칙과 유사하다).

여기서 함자는 그 자체의 꾸르시를 필요로 하지 않는다. 왜냐하면 꾸르시는 이미 초띠예의 단축 형태로 제시되었기 때문이다.

비슷하게, "사라지세요"라는 의미의 "kho.iye" (खोइये)라는 단어를 보자.

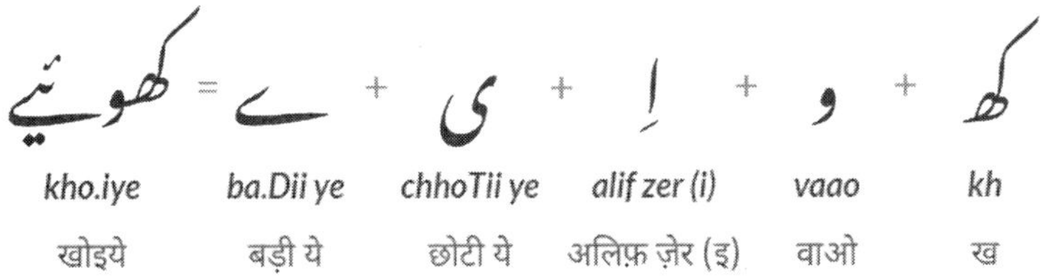

کھوئیے = ے + ی + اِ + و + کھ

kho.iye	*ba.Dii ye*	*chhoTii ye*	*alif zer (i)*	*vaao*	*kh*
खोइये	बड़ी ये	छोटी ये	अलिफ़ ज़ेर (इ)	वाओ	ख

위에 제시했던 모든 예에서, '함자'는 두 모음이 함께 오고 순서대로 완전한 발음을 해줘야 하는 경우에 '바리예', '초띠예' 그리고 'vaao' 위에 온다.

20.1.10 몇몇 추가 단어들

아래는 다음 과로 넘어가기 전에 읽고 연습해야 하는 몇몇 추가 단어들이다.

لاؤ	جاؤ	پاؤ	ناؤ
laa.o	*jaa.o*	*paav*	*naav*
लाओ	जाओ	पाव	नाव
رائی	ٹائی	تائی	گاؤ
raa.ii	*Taa.ii*	*taa.ii*	*gaa.o*
राई	टाई	ताई	गाओ
گئی	مُمبئی	دوائی	چارپائی
ga.ii	*mumbai*	*davaa.ii*	*chaarpaa.ii*
गई	मुम्बई	दवाई	चारपाई
عیسائی	گئے	کھائے	چائے
iisaa.ii	*ga.e*	*khaa.e*	*chaa.e*
ईसाई	गए	खाए	चाय
آئیں	کھائیے	لائیے	مئی
aa.e.n	*khaa.iye*	*laa.iye*	*may*
आएँ	खाइए	लाइए	मई

مائیں	لائیں	کھائیں	جائیں
maa.e.n	*laa.e.n*	*khaa.e.n*	*jaa.e.n*
माएँ	लाएँ	खाएँ	जाएँ
زیبائش	آرائش	فائل	رائج
zebaa.ish	*aaraa.ish*	*file*	*raa.ij*
ज़ेबाइश	आराइश	फ़ाइल	राइज
مسائل	آنسوؤں	تیئیس	گائڈ
masaa.il	*aa.nsu.o.n*	*te.iis*	*guide*
मसाइल	आँसुओ	तेईस	गाइड
	جُرأت	ہیئت	آئینہ
	jur.at	*hai.at*	*aa.iina*
	जुर्अत	हैअत	आईना

20.2 '함자' 심화 학습– II

지금까지 우리는 함자가 두 개의 모음이 연속으로 있을 때, 각 모음의 개별 소리를 표시하기 위해 사용된 경우를 보았다. 여기서는 자음과 모음의 결합 그리고 어떻게 함자가 개별 모음 소리를 내기 위해 사용되었는지를 볼 것이다.

20.2.1 자음 + 'e' (ए)

"새로운"이라는 의미의 "na.e" (नए)라는 단어를 살펴보자. 이 단어는 종종 "naye"로 쓰여지기도 한다. 여기서 자음 'nuun'은 '바리예'가 만든 모음 'e' (ए) 앞에 놓였다.

na.e

नए

위에 언급한 예로부터, '바리예'가 함자를 위한 꾸르시로써 직접 사용되었음을 알 수 있다.

또한 함자만이 "na.e"라는 단어에서 모음 'ae'를 위한 확실한 소리에 대해 책임이 있다는 것을 아는 것은 중요하다. 그것의 부재 시에 이 단어는 "둘 다 아니다 ~"라는 의미의 "ne" (ने)라는 뜻이 되어 버린다.

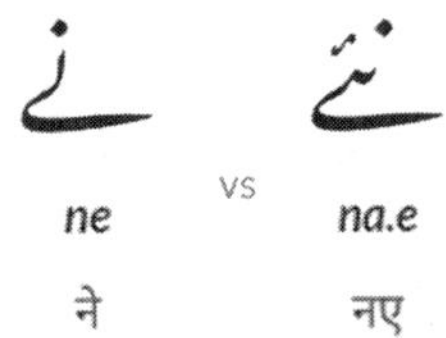

ne vs *na.e*

ने नए

비슷한 예로, "갔다"라는 의미의 "ga.e" (गए)라는 단어를 보자.

گئے = ے + گ

ga.e   *ba.Dii ye*   *gaaf*

गए   बड़ी ये   गाफ़

20.2.2 자음 + 'ii' (ई)

"많은"이라는 뜻의 "ka.ii" (कई)라는 단어에서 자음과 두 개의 모음, 즉 'a' 와 'ii'가 어떻게 결합되었는지 살펴보자.

کئی

ka.ii

कई

이것은 그 이전 것과 매우 유사하다. 우리는 여기서 함자를 위해 꾸르시를 제공한 것이 '초띠예'임을 알 수 있다.

다시 한번 강조하지만, 함자를 덧붙인다는 것은 두 개의 모음 'a' 와 'ii'를 개별적으로 발음하라는 것임을 의미한다. 함자의 부재 시에 "ka.ii"라는 단어는 단순히 "kii" (की)가 된다. 아래를 비교해 보자.

kii vs *ka.ii*

की   कई

동일한 규칙을 설명하는 다른 단어가 있다. "귀족/부자"를 의미하는 "ra.iis" (रईस)라고 하는 단어를 보자.

رئیس	=	س	+	ی	+	ٔ	+	ر
ra.iis		*siin*		*chhoTii ye*		*hamza*		*re*
रईस		सीन		छोटी ये		हमज़ा		रे

위의 예로부터 '초띠예'의 단축형이 함자를 위한 자리를 제공했다는 사실은 명확하다.

20.2.3 자음 + 'uu' (ऊ)

자음 다음에 장모음 'uu'가 오는 경우의 예를 살펴보자. 이를 위해, '소/정직한 사람"이라는 의미의 "ga.uu" (गऊ)라는 단어를 보자.

ga.uu

गऊ

우리가 이전에 보았던 것과 비슷한 예로, 여기서 'vaao'는 함자를 위한 자리를 제공했다.

장모음 'uu' (ऊ)는 함자 때문에 더욱 두드러진다. 함자가 없다면 "ga.uu"는 "비록 ~일지라도"를 의미하는 "go" (गो)가 되었을 것이다.

이 규칙을 따르면서, "친절한/자비로운"을 의미하는 "ra.uuf" (रऊफ़) 라는 단어를 살펴보자.

رؤف	=	ف	+	و	+	ر
ra.uuf		*fe*		*vaao*		*re*
रऊफ़		फ़े		वाओ		रे

비슷하게, "러크나우"로 종종 쓰여지는 "lakhna.uu" (लखनऊ)라고 하는 도시 이름을 살펴보자.

لکھنؤ	=	و	+	ن	+	کھ	+	ل
lakhna.uu		*vaao*		*nuun*		*kh*		*laam*
लखनऊ		वाओ		नून		ख		लाम

20.2.4 자음 + 'i' (इ)

이제 조금 이상한 결합 형태를 알아보자. 그것은 자음과 단모음 'i' (इ)

인데 "고요한/만족스러운"이라는 의미의 "mutma.in" (मुतमइन)이라는 단어에서 그것을 찾을 수 있다.

مطمئن

mutma.in

मुतमइन

이것을 나눠 보면 아래와 같다.

مطمئن	=	ن	+	اِ	+	م	+	ط	+	م
mutma.in		***nuun***		***alif zer (i)***		***miim***		***toey***		***miim***
मुतमइन		नून		अलिफ़ ज़ेर (इ)		मीम		तोए		मीम

여기서 함자는 'miim'을 완전히 발음한 후에 단모음 'i' (मुतमइन)를 확실히 발음하게 해준다. 이것으로 우리는 가능한 모든 경우에서 '함자'를 살펴보았다.

20.2.5 몇몇 추가 단어들

다음 과로 넘어가기 전에 읽고 연습하면 좋을 몇몇 추가 단어들이 아래에 있다.

فُقَراء	غُرَباء	شعراء	مسئلہ
fuqaraa	*Gurabaa*	*shoraa*	*mas.ala*
फ़ुक़रा	ग़ुरबा	शोरा	मसअला

اِنشاء	اولیاء	اُمَراء
inshaa	*auliyaa*	*umaraa*
इंशा	औलिया	उमरा

Unit 21

'tanviin'

도입

이 과에서는 아래에서 보는 것처럼 알리프와 그 위에 두 개의 자바르가 붙는 'tanviin'이라는 아주 흥미롭고 특수한 문자에 대해 살펴보고자 한다.

tanviin

तनवीन

이 문자는 페르시아어와 아랍어에 기원한 단어에서 볼 수 있고, 단어의 끝에서 명사를 부사로 바꿀 때 사용된다. 이 접미사 'tanviin'은 단어의 끝에서 'an' 소리가 난다.

우르두어를 모국어로 하는 자들은, 힌디 사용자들조차 의식적이든 그렇지 않든 일상 생활에서 이 특별한 특징을 포함한 단어를 구사한다. 예를 들어 "우연/동의/합의"라는 의미의 "ittefaaq"(इत्तिफ़ाक़)이라는 단어를 살펴보자.

اتّفاق

ittifaaq

इत्तिफ़ाक़

여기서 명사인 ittefaaq"(इत्तिफ़ाक़) 마지막에 'tanviin'을 부가하여 "우연히"라는 부사 "ittefaaqan" (इत्तिफ़ाक़न)을 만들어 보자.

اتّفاقاً	=	اً	+	اتّفاق
ittefaaqan		*tanviin*		*ittefaaq*
इत्तिफ़ाक़न		तनवीन		इत्तिफ़ाक़

비슷하게, "자신/확신"을 의미하는 "yaqiin" (यक़ीन)이라는 단어가 있다. 여기에 'tanviin'을 부가하여 "확실히/결정적으로"라는 부사 "yaqiinan"(यक़ीनन)을 만들어 보자.

يقيناً	=	اً	+	يقين
yaqiinan		*tanviin*		*yaqiin*
यक़ीनन		तनवीन		यक़ीन

비슷한 맥락으로 몇 개의 예가 더 있다.

فوراً	مثلاً	تقریباً	احتیاطاً	عموماً
fauran	***maslan***	***taqriiban***	***ehtiyaatan***	***umuuman***
फ़ौरन	मसलन	तक़रीबन	एहतियातन	उमूमन

다음에는 우리가 지금까지 배우지 않은 'vaao'의 특별 용법에 대해 배우기로 하자.

Unit 22

'vaao' 심화 학습

VAAV-E-ATF/접합사

이전 과에서 우리는 'vaao'가 자음 소리 'v'와 세 개의 모음 소리 'uu' (ऊ), 'o' (ओ)와 'au' (औ) 소리를 낸다는 것을 배웠다. 페르시아어-아랍어에 기원을 둔 복합 단어들 중에서, 'vaao'는 두 개의 단어들 사이의 연결 문자로, 그리고 첫 번째 단어에 'o' (ओ) 음가를 준다. 예를 들어, 아래의 예처럼 "고통과 슬픔"이라는 의미의 "dard-o-Gam" (दर्द-ओ-ग़म)이라는 단어를 보자.

dard-o-Gam

दर्द-ओ-ग़म

[정의]

위의 예에서, 'vaao'는 "dard"와 'Gam" 사이에서 연결 문자로 사용되었다. 따라서 dard-o-Gam"이라고 하는 복합 단어를 만들었다. 이처럼 'vaao'가 만든 복합어를 vaav-e-atf (वाव-ए-अत्फ़) 혹은 접합사라고 한다.

비슷하게, 다른 복합어가 있다. "물과 공기"를 의미하는 단어 "aab-o-havaa" (आब-ओ-हवा)가 그것이다.

آب و ہوا

aab-o-havaa

आब-ओ-हवा

[중요]

데바나가리나 알파벳으로 우르두어를 읽는 대부분의 사람들은 이 'vaao'를 두 개의 명사나 형용사 사이에서 독립된 'o' 소리를 낸다. 'o' 소리는 첫 단어의 마지막과 결합하는 것을 기억해야 한다.

예를 들어, "dard-o-Gam"이라는 단어에서 첫 번째 부분은 "dardo" (दर्दो)로 읽어야 하고 "dard" & "o"로 읽어서는 안 된다. 마찬가지로, 두 번째 예는 "aabo" (आबो)로 한 번에 같이 읽어야 하고 "aab" & "o"로 따로 읽어서는 안 된다.

비슷하게, 우리가 일상 생활에서 종종 듣는 "이상한/낯선"이라는 의미의 "ajiib-o-Gariib" (अजीब-ओ-ग़रीब)이라는 단어가 있다.

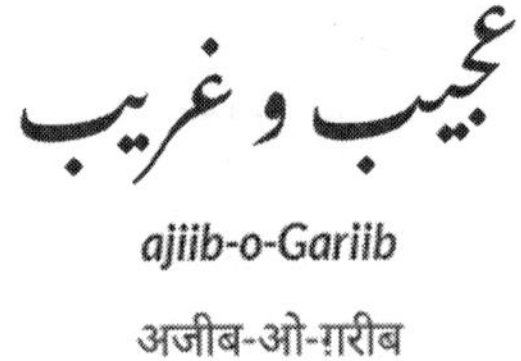

ajiib-o-Gariib

अजीब-ओ-ग़रीब

"밤과 낮"을 의미하는"shab-o-roz" (शब-ओ-रोज़)라는 단어는 시와 음악에서 종종 볼 수 있는 단어이다.

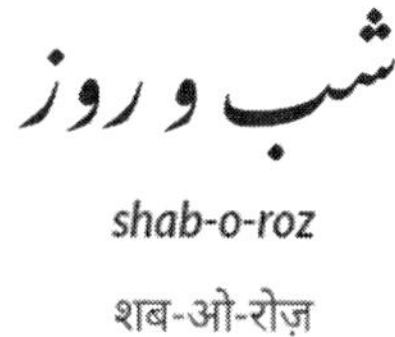

22.1 단모음 'u'로서 'vaao'

페르시아어에 기원을 둔 몇몇 단어에서, 'vaao'가 단어에서 'KHe' 뒤에 오면 다르게 작동한다. 이러한 예들 중 하나가 단모음 'u' (उ) 소리를 낼 때이다. 아래의 예를 보자.

22.2 묵음으로서 'vaao'

이전 규칙에 대해 조금 더 이야기하면, 페르시아어에 기원을 둔 몇몇 단어들 중에서 'vaao'가 'KHe' 뒤에 위치하고, 알리프 앞에 위치한다면 'vaao'는 묵음이 된다. 아래 주어진 예를 살펴보자.

خواب خواہش درخواست

darKHaast KHaahish KHaab

दरख़ास्त ख़्वाहिश ख़्वाब

이제까지 우리는 'vaao'의 숨겨진 세 가지 사용법을 배웠다. 이 정도면 'vaao'에 대한 것은 아주 심도 있게 배웠다고 자신 있게 이야기할 수 있다.

Unit 23

'izaafat'

정의

'izaafat'는 첫 번째 단어의 끝에서 'e' (ए) 소리를 내어 두 개의 단어를 이어주는 장치이다. 이것은 두 개의 주요 목적을 가지고 있다.

1. 소유를 표현
2. 단어가 형용사로 사용되었음을 표시

23.1 'izaafat - zer'

대부분의 경우, 'izaafat'는 두 개의 명사를 연결하고 소유를 표시하는 것처럼 "~의 소유"임을 의미하고, 힌디의 "kaa" (का), "kii" (की), "ke" (के) 혹은 영어의 'of'의 의미를 갖는다.

'izaafat'가 명사와 형용사를 연결하는 경우도 종종 있으며 이 경우 소유를 의미하지 않는다.

[규칙]

만일 복합어의 첫 번째 단어가 'ain'이나 '초띠예' 혹은 자음으로 끝난다면, 'izaafat'는 첫 번째 단어의 마지막 문자 밑에 제르를 첨가한다. 이는 그 문자의 발음이 'e' (ए)임을 뜻한다.

예를 들어"dard-e-dil" (दर्द-ए-दिल)"이라는 복합어를 보자.

دردِ دل

dard-e-dil

दर्द-ए-दिल

위에서 보여준 단어 "dard-e-dil"은 실제 두 개의 명사, "고통"을 의미하는 "dard" (दर्द)와 "마음"을 의미하는"dil" (दिल)로 구성되어 있다. 두 번째 'daal' 아래 위치한 제르는 'izaafat'를 의미한다. 따라서 글자 그대로의 뜻인 "마음의 고통"이라는 의미의 복합어 "dard-e-dil"가 되어 소유의 의미가 된다. 아래를 보자.

دردِ دل	=	دل	+	درد
dard-e-dil		***dil***		***dard***
दर्द-ए-दिल		दिल		दर्द

[중요]

우리가 'vaav-e-atf'에서 보았던 것처럼, 우르두어를 데바나가리나 알파벳으로 읽는 대부분의 사람들은 이 제르를 별도의 'e' (ए)로 발음한다. 'e' 소리는 첫 번째 단어 마지막에서 결합하는 것에 주목해야 한다.

예를 들어, "dard-e-dil"이라는 단어에서 첫 번째 부분은 "dard"와 "e"를 별도로 읽는 것이 아니라 연속적인 단어 "darde" (दर्दे)로 읽어야 한다.

비슷하게, izafat가 두 개의 명사를 잇는 것을 볼 수 있는 몇몇 단어들이 있다. 아래 단어들을 살펴보자.

شمعِ محفل رازِ دل موجِ دریا

mauj-e-dariyaa *raaz-e-dil* *sham-e-mehfil*

मौज-ए-दरिया राज़-ए-दिल शम-ए-महफ़िल

بیماریِ دل شاخِ گل

shaaKH-e-gul *biimaarii-e-dil*

शाख़-ए-गुल बीमारी-ए-दिल

아래는 'izaafat'가 형용사와 명사를 잇기 위해 사용된 몇몇 예들이다.

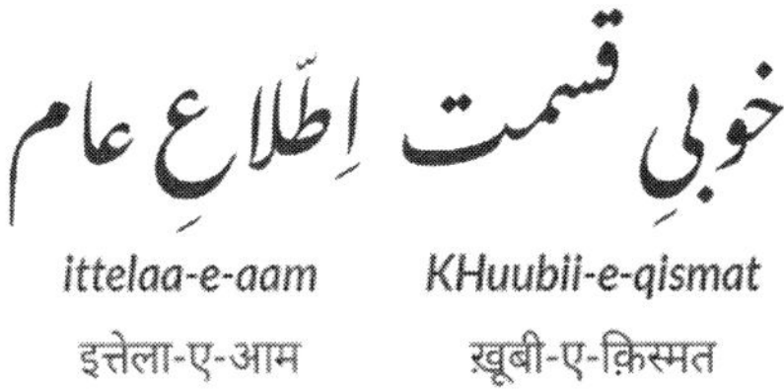

ittelaa-e-aam *KHuubii-e-qismat*

इत्तेला-ए-आम ख़ूबी-ए-क़िस्मत

23.2 izafaat – '초띠헤' + 함자

대부분의 경우, 'izaafat'는 단어 안에서 '초띠헤' 위에 함자를 덧붙인다.

[규칙]

만일 복합어의 첫 번째 단어가 "qatra"(क़तरा)처럼 'a' (अ) 소리가 나면서 '초띠헤'로 끝난다면, 함자는 '초띠헤' 위에 위치하며 단어 끝에서 'e' (ए) 소리가 난다.

예를 들어, "핏방울"을 의미하는 "qatra-e-KHuun" (क़तरा-ए-ख़ून)라는 복합어를 살펴보자.

قطرۂ خون

qatra-e-KHuun

क़तरा-ए-ख़ून

이것을 나눠 보면 아래와 같다.

قطرۂ خون	=	خون	+	قطرہ
qatra-e-KHuun		*KHuun*		*qatra*
क़तरा-ए-ख़ून		ख़ून		क़तरा

'열정"이라는 의미의 "jazba-e-dil" (जज़्बा-ए-दिल)이라는 단어를 보자.

jazba-e-dil

जज़्बा-ए-दिल

23.3 'izaafat' –바리예 + '함자'

'izaafat'가 단어 안에서 바리예 위에 함자를 놓음으로써 사용되는 경우도 있다. 아래에서 이 규칙을 배워 보자.

[규칙 – 1]

만일 복합어의 첫 단어가 바리예로 끝난다면, 함자는 ''izaafat' 표시를 위해 그 위에 놓는다. 우리가 이전 예에서 본 함자는 단어의 끝에서 'e' (ए) 소리를 낸다.

예를 들어, "섬세한 것"이라는 의미의 "shai-e-latiif" (शै-ए-लतीफ़)라는 복합어를 살펴보자.

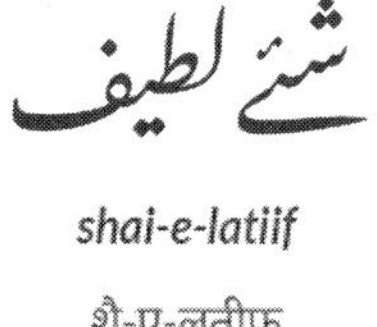

shai-e-latiif

शै-ए-लतीफ़

이것을 단순히 나눠 보면 아래와 같다.

شے + لطیف = شئِ لطیف

shai-e-latiif	*latiif*	*shai*
शै-ए-लतीफ़	लतीफ़	शै

'바리예'와 '함자'의 결합은 복합어의 첫 번째 단어가 '바리예'와 함께 끝나지 않는다면, 'izaafat'를 표시하기 위해서도 사용된다. 아래에서 두 번째 규칙을 알아보자.

[규칙 -2]

만일 복합어의 첫 번째 단어가 알리프나 'vaao'로 끝난다면, 함자를 자신 위에 갖는 바리예와의 결합은 'izaafat'를 표시하기 위해 두 단어 사이에 덧붙여진다. 첫 번째 단어의 마지막은 'e' (ए) 소리를 낸다.

"꽃향기"를 의미하는 "buu-e-gul" (बू-ए -गुल)이라는 복합어를 아래에서 살펴보자.

buu-e-gul

बू-ए -गुल

위의 예에서, 복합어의 첫 번째 단어 "buu"는 'vaao'로 끝난다. 위에 언급한 규칙에 따라 자신 위에 함자가 놓인 바리예는 'izaafat'를 표시하기 위해 "buu"와 "gul" 사이에 놓였다. 아래는 그것을 나눠 놓은 것이다.

بوئے گل = گل + بو

buu-e-gul = gul + buu

बू-ए -गुल = गुल + बू

복합어의 첫 번째 단어가 알리프로 끝난 예를 살펴보자. 문자 그대로, "죽음의 벌" 즉 사형을 의미하는 "sazaa-e-maut" (सज़ा-ए-मौत)라는 복합어이다.

سزائے موت = موت + سزا

sazaa-e-maut = maut + sazaa

सज़ा-ए-मौत = मौत + सज़ा

다양한 우르두어 문헌을 읽다 보면 이와 같은 복합어를 자주 접하게 될 것이다.

이것에 대해 배움으로써 시간이 지남에 따라 그것들을 더 잘 이해하고 익숙해져야 한다.

Unit 24

'alif-laam'

도입

'알리프 람'이라 불리는 다른 특별한 종류의 'izaafat'가 있다. 이것은 이름이 보여주듯이 'alif'와 'laam'의 결합이다.

이것은 아랍어에 기원을 둔 단어에서만 사용되며, 단어에서 그것의 위치와 그것이 연결하는 문자에 따라 몇 가지 다른 방식으로 사용된다.

아래는 'alif-laam'izaafat를 보여주는데"al" (अल)과 비슷하다.

alif-laam

अलिफ़-लाम

24.1 정관사(영어의 the)로서의 'alif-laam'

[규칙]

단어 처음에 등장하는 'alif-laam'은 정관사 'the'와 비슷한 역할을 한다. 발음은 단순히 "al" (अल)이다.

예를 들어, "al kariim" (अल करीम)이라는 복합어에서 "kariim" (करीम)은 일반적으로 "풍부한/우아한"이라는 의미이다. 그러나 중요성을 강조하기 위해 "al"을 덧붙임으로써 그것의 의미를 "자비로운 자", 즉 "신"을 의미하게 되었다.

이것을 나눠 보면 아래와 같다.

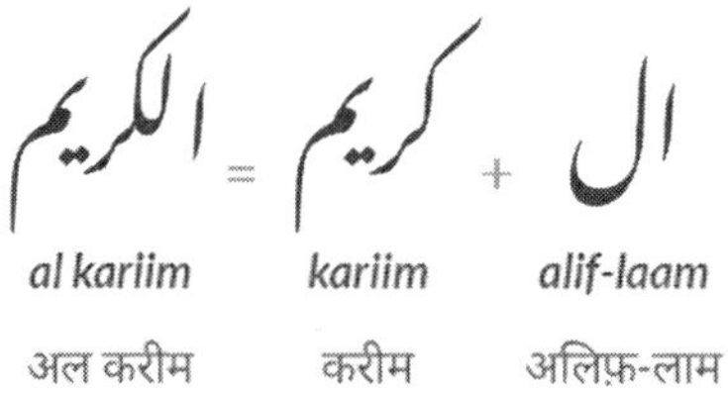

الكريم	=	كريم	+	ال
al kariim		kariim		alif-laam
अल करीम		करीम		अलिफ़-लाम

다른 복합어 "al haq" (अल हक़)를 살펴보자. 여기서 "haq" (हक़)는 일반적으로 "참된/진실의"이라는 뜻이다. 여기에 "al"을 덧붙임으로써 그것의 의미를 "진리"로 만들었는데 그것은 신을 지칭하는 다른 은유적 표현이다.

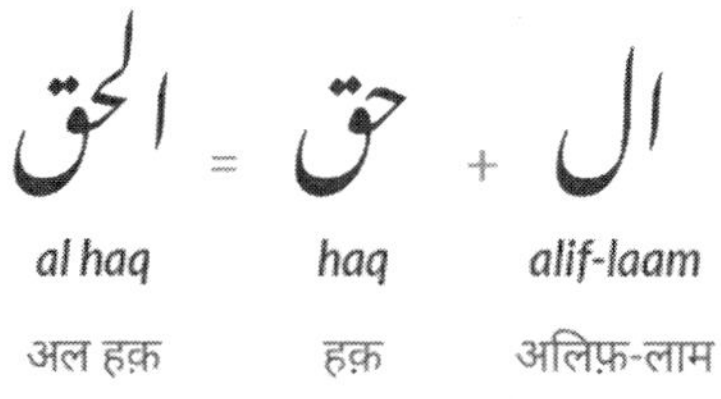

الحق	=	حق	+	ال
al haq		haq		alif-laam
अल हक़		हक़		अलिफ़-लाम

24.2 "~의"이라는 의미로서의 'alif-laam'

[규칙]

연결 문자로서 두 단어의 중간에 오는 'alif-laam'은 "~의"이라는 뜻이며, 소유를 표시하기 위해 사용한다. 두 단어 사이에서 "ul" (उल) 소리를 낸다.

예를 들어, 복합어"rasm-ul-KHat" (रस्म-उल-ख़त)는 문자 그대로 "쓰는 방법"을, 특히 "사본/필적"을 의미한다. 여기서 'alif-laam'은 "길/관습/의식"을 의미하는 단어 "rasm" (रस्म)과 "쓰기"를 의미하는 단어 "KHat" (ख़त) 사이에서 연결 문자로 사용되었다. 여기서 'alif-laam'은 두 단어 사이에서 'ul' 소리가 난다.

아래는 이것을 나눠 놓은 것이다.

رسم الخط	=	خط	+	ال	+	رسم
rasm-ul-KHat		KHat		alif-laam		rasm
रस्म-उल-ख़त		ख़त		अलिफ़-लाम		रस्म

아래에서 "힌두스탄의 왕" 혹은 "인도의 왕"이라는 의미의 "malik-ul-hind" (मलिक-उल-हिन्द)이라는 다른 예를 보자. 'alif-alam'은 "주인/왕"이라는 의미의 "malik" (मलिक)이라는 단어와 "힌두스탄/인도"라는 의미의 "hind" (हिन्द)라는 단어를 연결한다.

아래는 그것을 나눠 놓은 것이다.

ملک الہند	=	ہند	+	ال	+	ملک
malik-ul-hind		*hind*		*alif-laam*		*malik*
मलिक-उल-हिन्द		हिन्द		अलिफ़-लाम		मलिक

[주의]

위에 제시된 예에서, 'alif-laam' 중 'alif'는 상대적으로 연결 문자 'miim'과 'kaaf'의 규칙을 따른다. 짐작하듯이 독립된 위치에서 단독으로 쓰인다. 그러나 'laam'은 뒤이어 오는 문자와 결합하지 않는다.

이것이 'alif-laam'이 들어간 단어들이 쓰이는 방법이다.

24.3 달(月)문자

지금까지 기본적인 것들을 학습하였다. 여기서는 우르두어에서 '달 문자'라 불리는 것들에 대해 알아보자.

[정의]

우르두어에는"huruuf-e-qamarii" 라 불리는 14개의 달 문자들이 있다.

"달의/음력의"라는 의미의 "qamarii" (क़मरी)와 "문자들"이라는 의미의 "huruuf" (हुरूफ़)의 복합어이다.

이것들은 다음과 같은 것들이 있다.

غ	ع	خ	ح	ج	ب	ا
Gain	ain	KHe	he	jiim	be	alif
ग़ैन	ऐन	ख़े	हे	जीम	बे	अलिफ़

ی	ہ	و	م	ک	ق	ف
chhoTii ye	chhoTii he	vaao	miim	kaaf	qaaf	fe
छोटी ये	छोटी हे	वाओ	मीम	काफ़	क़ाफ़	फ़े

[규칙]

만일 'alif-laam'이 단어의 중간에 오고, 달 문자 중 하나가 뒤에 온다면 'alif-laam'은 복합어 사이에서 'ul' (उल) 소리를 낸다.

흥미로운 부분은 우리가 전에 보았던 두 가지 예, 즉"rasm-ul-KHat" (रस्म-उल-ख़त)와 "malik-ul-hind" (मालिक-उल-हिन्द)는 이 규칙의 좋은 예라는 점이다.

더 명확한 이해를 위해, 문자 그대로 "눈의 빛" 즉 "시력"을 의미하는 또 다른 복합어 "nuur-ul-ain" (नूर-उल-ऐन)을 보자.

نورالعین	=	عین	+	ال	+	نور
nuur-ul-ain		ain		alif-laam		nuur
नूर-उल-ऐन		ऐन		अलिफ़-लाम		नूर

이 단어를 분해해 보면 다음과 같다.

"nuur-ul-ain" 중에서 'alif-laam'의 알리프는 'nuur'라는 단어 뒤에서 독립된 형태로 쓰였다.

'alif-laam'의 'laam'은 복합어 중 두 번째 단어로부터 'ain'과 결합한다.

'alif-laam'이 달 문자인 'ain' 문자와 결합하기 때문에 두 단어 사이에서 'ul' 소리를 낸다.

비슷하게, "날개의"라는 의미의 "zuu-ul-janaah" (ज़ू-उल-जनाह)라는 복합어를 보자. 이 복합어는 "소유자/마스터"를 의미하는 "zuu" (ज़ू)와 "날개"를 의미하는 "janaah" (जनाह)로 구성되어 있다. 아래는 이것을 나눠 놓은 것이다.

ذوالجناح	=	جناح	+	ال	+	ذو
zuu-ul-janaah		*janaah*		*alif-laam*		*zuu*
ज़ू-उल-जनाह		जनाह		अलिफ़-लाम		ज़ू

24.4 태양 문자

우르두어에는 태양 문자도 있다.

[정의]

달 문자처럼 우르두어에는 "huruuf-e-shamsii"라 불리는 14개의 태양 문자들이 있다. 이것은 "태양의/양력의"라는 의미의"shamsii" (शम्सी)와 "문자들"이라는 의미의 "huruuf" (हुरूफ़)의 복합어다.

س	ز	ر	ذ	د	ث	ت
siin	*ze*	*re*	*zaal*	*daal*	*se*	*te*
सीन	ज़े	रे	ज़ाल	दाल	से	ते

ن	ل	ظ	ط	ض	ص	ش
nuun	*laam*	*zoey*	*toey*	*zuaad*	*suaad*	*shiin*
नून	लाम	ज़ोए	तोए	जुआद	सुआद	शीन

[규칙]

만일 'alif-laam'이 단어 중간에 오고 태양 문자 중 하나가 뒤에 온다면, 'alif-laam'은 묵음이다.

그러나 복합어에서 뒤따르는 단어의 첫 문자 소리에 'u' (उ) 소리를 덧붙인다. 또한 tashdeed는 두 번째 단어의 첫 번째 문자에 붙어 그것을 두 번 발음한다.

예를 들어, 문자 그대로 "제국의 장소"를 의미하는, 더 실제적으로는 '수도'를 의미하는 "daar-us-saltanat" (दार-उस-सल्तनत)라는 단어를 살펴보자. 이것은 "장소"를 의미하는 "daar" (दार)와 "제국"을 의미하는"saltanat" (सल्तनत)라는 단어로 구성되어 있다.

دارالسّلطنت	= سلطنت	+ ال	+ دار
daar-us-saltanat	*saltanat*	*alif-laam*	*daar*
दार-उस-सल्तनत	सल्तनत	अलिफ़-लाम	दार

이것을 분해해 보면 다음과 같다.

"daar-us-saltanat" 라는 단어에서 'alif-laam'의 알리프는 'daar'라는 단어 뒤에서 독립된 형태로 쓰였다.

'alif-laam'의 'laam'은 복합어의 두 번째 단어인 saltanat의 첫 번째 문자인 'siin'과 결합하였다.

'alif-laam'이 태양 문자인 'siin'과 결합하기 때문에, 그것은 필연적으로 묵음이 되며 'siin'의 's'와 결합하기 전에 'u' 소리를 낸다. 따라서 'us' (उस)가 된다.

태양 문자의 규칙을 따르면서, tashdeed는 두 번째 단어의 첫 번째 문자인 'siin' 위에 놓인다. 이는 'siin'의 's'를 두 번 발음하라는 의미이다.

다른 복합어를 보자. 글자 그대로 "믿음의 달"이라는 의미의 사람 이름인 "qamar-ud-diin" (क़मर-उद-दीन)이다. 이것은 "달"을 의미하는 "qamar" (क़मर)와 "종교/신념"을 의미하는 "diin" (दीन)으로 구성되어 있다.

قمرالدّین	= دین	+ ال	+ قمر
qamar-ud-diin	*diin*	*alif-laam*	*qamar*
क़मर-उद-दीन	दीन	अलिफ़-लाम	क़मर

여기서 다시 우리는 'alif-laam'이 'ud' (उद) 소리를 내기 위해 두 번째 단어 "diin" 에서 'daal'의 'd' (द) 소리를 취했다. "qamar-ud-diin" 단어에서 'daal'의 위에 tashdeed가 붙은 것을 볼 수 있는데 이것은 이중 발음을 의미한다.

24.5 예외 - 묵음 초띠예

우리는 지금까지 대부분을 배웠는데 한 가지 흥미로운 예외가 있는데 'alif-laam' 뒤에 초띠예가 오는 경우이다.

[규칙]

만일 단어 중간에 오는 'alif-laam'가 초띠예 뒤에 온다면 초띠예는 묵음이 된다.

예를 위해, "계산하지 않는/아낌없는"이라는 의미의 "al-al-hisaab" (अल-अल-हिसाब)이라는 단어를 보자.

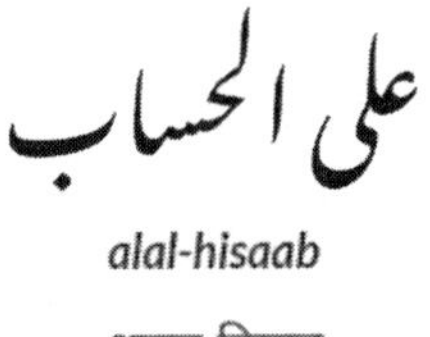

alal-hisaab

अलल-हिसाब

비슷한 예로, "가능한 한"이라는 의미의 "hattal-imkaan" (हत्त-अल-इमकान)이라는 단어가 쓰여진 방식을 보자.

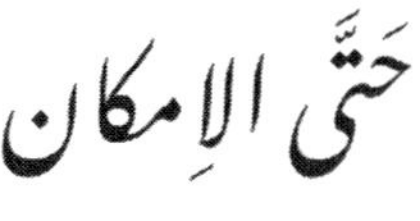

hattal-imkaan

हत्तल-इम्कान

24.6 예외 - 묵음 알리프

몇 개 단어에 적용되는 마지막 예외가 있다.

[규칙]

만일 단어 중간에 오는 'alif-laam' 앞에 'be'가 있다면, 알리프는 필연적으로 묵음이 되고 단모음 'i' (इ)로 대체된다.

예를 들어, "확실히/절대적으로"라는 의미로 빈번히 사용되는 "bilkul" (बिल्कुल)이라는 단어를 보자.

bilkul

बिल्कुल

위에 제시한 단어"bilkul" (बिल्कुल)은 이 예외를 모르는 사람이 읽는다면 "baalkul"로 읽을 것이다. 이 단어의 독특함은 철자에 있다. 여기서 위에 언급한 예외에 따르면, 알리프는 묵음이 되고 단모음 'i' (इ)로 대체된다.

비슷하게, “마침내”라는 의미의 “bil-aaKHir” (बिल-आख़िर)와 “의도적/고의적으로”라는 의미의 “bil-iraada” (बिल-इरादा)라는 단어를 보자.

بالآخر بالاراده

bil-iraada *bil-aaKHir*

बिल-इरादा बिल-आख़िर

24.7 몇몇 추가 단어들

아래는 ‘alif-laam’이 때때로 불규칙이 있기 때문에 연습에 좋은 몇몇 단어들이다.

دارالسلطنت دارالشفا نظام الدین مافی الضمیر

maa-fi.uzzamiir *nizaamuddiin* *daarushshifaa* *daarussaltanat*

मा-फ़िउज़्ज़मीर निज़ामुद्दिन दारुश्शिफ़ा दारुस्सलतनत

عبدالله عبدالسلام عبدالصمد اول الذکر

avvaluzzikr *abdussamad* *abdussalaam* *abdullaah*

अव्वलुज़्ज़िक्र अब्दुस्समद अब्दुस्सलाम अब्दुल्लाह

واجب التعظیم دارالخلافه عید الفطر شیخ الجامعه

shaiKHul-jaamia *iidul-fitr* *daarul-KHilaafa* *vaajibuttaaziim*

शैख़ुल-जामिया ईदुल-फ़ित्र दारुल-ख़िलाफ़ा वाजिबुत्ताज़ीम

بین الاقوامی دارُالحکومت مَلکُ الموت فارغُ البال

faariGul-baal malakul-maut daarul-hukuumat bainal-aqvaaqii

फ़ारिग़ु-बाल मलकुल-मौत दारुल-हुकूमत बैनल-अक़वामी

عَبدُالقاسم عَبدُالعزیز

abdul-aziiz abdul-qaasim

अब्दुल-अज़ीज़ अब्दुल-क़ासिम

ابوالکلام ذوالفقار ذوالجلال اَبوالفضل

abul-fazl zul-jalaal zul-fiqaar abul-kalaam

अबुल-फ़ज़्ल ज़ुल-जलाल ज़ुल-फ़िक़ार अबुल-कलाम

بوالہوس حتّی الاِمکاں علی الصّباح علی الخُصوص

alal-KHusuus alassabaah hattal-imkaan bul-havas

अलल-ख़ुसूस अलस्सबाह हत्तल-इम्कान बुल-हवस

حتّی المقدور بالآخر بالجبر بالخصوص

bil-KHusuus bil-jabr bil-aaKHir hattal-maqduur

बिल-ख़ुसूस बिल-जब्र बिल-आख़िर हत्तल-मक़्दूर

بالفَرض بالمَقصد بالتّرتیب فی البدیہہ

fil-badiih　bittartiib　bil-maqsad　bil-farz

फ़िल-बदीह　बित्तरतीब　बिल-मक़्सद　बिल-फ़र्ज़

اَالامان الحاصل الکریم الغّرض

al-Garaz　al-kariim　al-haasil　al-amaan

अल-ग़रज़　अल-करीम　अल-हासिल　अल-अमान

اَلرّحمان اَلرّحیم

arrahiim　arrahmaan

अर्रहीम　अर्रहमान

Unit 25

'alif-maqsuura'

도입

이제 우리는 또 다른 독특한 특징인 'alif-maqsuura'에 대해 학습할 것이다. 'alif-maqsuura'는 원래 작게 표시된 알리프인데, 초띠예 위에 놓인다. 아래는 그 예이다.

alif maqsuuraa

अलिफ़ मक़्सूरा

[규칙]

'alif-maqsuura'는 단어의 끝에 위치하며 장모음 'aa' (आ) 소리를 낸다.

"무의미한"을 의미하는 "adnaa" (अदना)라는 단어에서 볼 수 있다.

adnaa

अदना

이것을 나눠 보면 아래와 같다.

ادنی	=	ی	+	ن	+	د	+	ا
adnaa		alif maqsuuraa		nuun		daal		alif
अदना		अलिफ़ मक़्सूरा		नून		दाल		अलिफ़

비슷하게, "사랑받는/고상한 여인"이라는 의미의 "salmaa" (सलमा)라는 단어를 보자.

سلمی	=	ی	+	م	+	ل	+	س
salmaa		alif maqsuuraa		miim		laam		siin
सलमा		अलिफ़ मक़्सूरा		मीम		लाम		सीन

"그리스도"를 의미하는 "iisaa" (ईसा)라는 단어이다.

عیسیٰ = یٰ + س + ی + ع

iisaa	alif maqsuuraa	siin	chhoTii ye	ain
ईसा	अलिफ़ मक़्सूरा	सीन	छोटी ये	ऐन

[예외]

'alif-maqsuura'는 단어 중간에 위치할 때, 'vaao' 위에 작은 알리프를 놓는다. 'vaao' 그 자체는 묵음 문자로 사용된다. 이 'alif-maqsuura'는 다시 동일한 장모음 'aa' (आ) 소리를 낸다. 우리는 다음 과에서 'golte'에 대해 학습할 때, 이것에 대한 예들을 배울 것이다.

25.1 몇몇 추가 단어들

아래는 단어 끝에 'alif-maqsuura'가 나타나는 몇몇 단어들이다. 다음 과로 넘어가기 전에 이것들을 암기하라.

فتویٰ	تقویٰ	اَدنیٰ	حتّیٰ
fatvaa	*taqvaa*	*adnaa*	*hattaa*
फ़त्वा	तक़्वा	अदना	हत्ता

اِسمٰعیل	اِسحٰق	لِہٰذا	رَحمٰن
ismaa.iil	*is.haaq*	*lihaazaa*	*rahmaan*
इसमाईल	इसहाक़	लिहाज़ा	रहमान

یٰسین
yaasiin
यासीन

Unit 26

'golte'

도입

우르두어는 'golte'라고 불리는 특별한 특징이 있는, 아랍어에 기원을 둔 단어들이 있다. 이것은 't' (त)소리를 낸다.

'golte'는 아래에서 보듯이 초띠헤 위에 'te' 문자의 점 두 개를 덧붙인다.

ة

gol te

गोल ते

"여성/여성에게 하는 인사"라는 의미의 "musammaat" (मुसम्मात)라는 단어에서도 이것을 볼 수 있다.

مسماة

musammaat

मुसम्मात

이것을 나눠 보면 아래와 같다.

مسماة	=	ة	+	ا	+	م	+	س	+	م
musammaat		*gol te*		*alif*		*miim*		*siin*		*miim*
मुसम्मात		गोल ते		अलिफ़		मीम		सीन		मीम

"자선", 그리고 쿠란에 따르면 가난한 사람들에게 지급되는 종교세를 의미하는 "zakaat" (ज़कात)라는 단어도 있다.

زكوٰة	=	ة	+	وٰ	+	ك	+	ز
zakaat		*gol te*		*alif maqsuuraa*		*kaaf*		*ze*
ज़कात		गोल ते		अलिफ़ मक़्सूरा		काफ़		ज़े

복습 : 'alif-maqsuura'

단어 중간에 'alif-maqsuura'가 있는 것을 보았는가? 이전 과에서 언급했듯이, 단어 중간에 나타나면 'vaao' 위에 작은 알리프가 놓이고 'vaao' 그 자체는 묵음이 된다. 이 'alif-maqsuura'는 다시 "zakaat"에서 보듯이, 동일한 장모음 'aa' (आ) 소리를 낸다.

"기도/축복"을 의미하는 단어 "salaat" (सलात)를 보자.

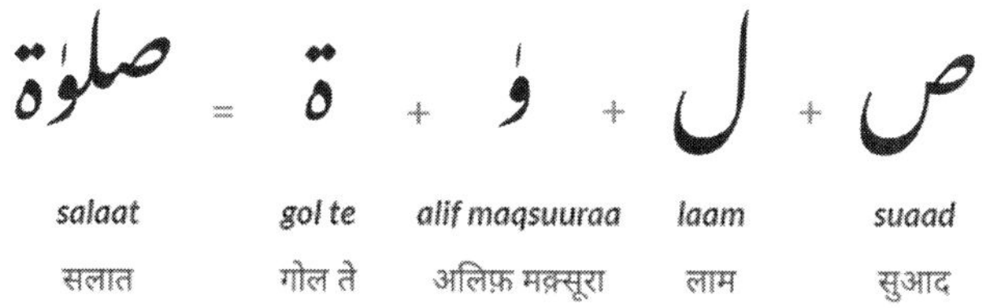

صلوة = ة + وٗ + ل + ص

salaat	gol te	alif maqsuuraa	laam	suaad
सलात	गोल ते	अलिफ़ मक़्सूरा	लाम	सुआद

하나의 예를 더 들어, "샹들리에/등대"를 의미하는 "mishkaat" (मिश्कात)라는 단어를 보자.

مشكوة = ة + وٗ + ک + ش + م

mishkaat	gol te	alif maqsuuraa	kaaf	shiin	miim
मिश्कात	गोल ते	अलिफ़ मक़्सूरा	काफ़	शीन	मीम

이것으로 모든 과정을 마치었다. 이러한 모든 특별한 문자와 개념을 학습함으로써 그대는 아주 유창하게 우르두어 문헌을 읽을 준비가 되었다.

ث	ٹ	ت	پ	ب
se	*Te*	*te*	*pe*	*be*
से	टे	ते	पे	बे
	خ	ح	چ	ج
	ḳhe	*he*	*che*	*jiim*
	ख़े	हे	चे	जीम
		ذ	ڈ	د
		zaal	*Daal*	*daal*
		ज़ाल	डाल	दाल

ژ	ز	ڑ	ر
zhe	*ze*	*Ḍe*	*re*
झ़े	ज़े	ड़े	रे

ژ	ز	ڑ	ر
zhe	*ze*	*Ḍe*	*re*
झ़े	ज़े	ड़े	रे

ض	ص	ش	س
zuaad	*suaad*	*shiin*	*siin*
ज़ुआद	सुआद	शीन	सीन

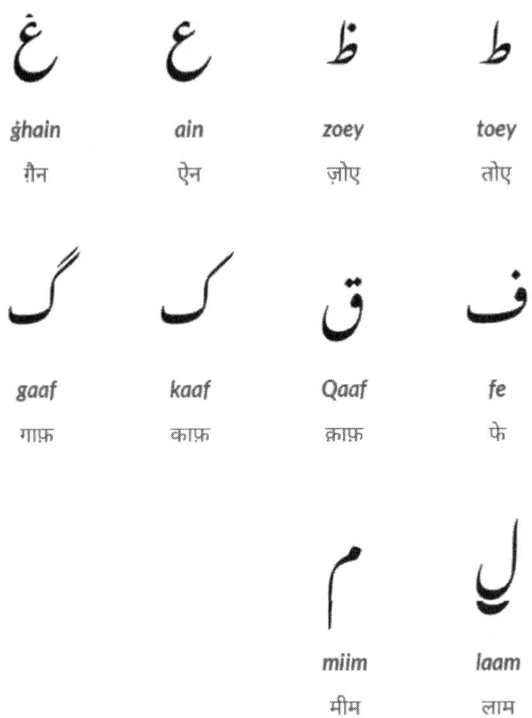
غ
ġhain
ग़ैन
ع
ain
ऐन
ظ
zoey
ज़ोए
ط
toey
तोए
گ
gaaf
गाफ़
ک
kaaf
काफ़
ق
Qaaf
क़ाफ़
ف
fe
फे
م
miim
मीम
ل
laam
लाम

ء	ھ	ہ	و	ن
hamza	*do chashmi he*	*chhoTi he*	*vaao*	*nuun*
हमज़ा	दो चश्मी हे	छोटी हे	वाओ	नून

ے	ی
baDi ye	*chhoTi ye*

ء	ھ	ہ	و	ن
hamza	*do chashmi he*	*chhoTi he*	*vaao*	*nuun*
हमज़ा	दो चश्मी हे	छोटी हे	वाओ	नून

ے	ی
baḌi ye	*chhoTi ye*
बड़ी ये	छोटी ये

Aspirated letters

ٹھ	تھ	پھ	بھ
Th	*th*	*ph*	*bh*
ठ	थ	फ़	भ
		چھ	جھ
		chh	*jh*
		छ	झ
	ڑھ	ڈھ	دھ
	Ḍh	*Dh*	*dh*
	ढ़	ढ	ध
		گھ	کھ
		gh	*kh*
		घ	ख

Diacritics & Symbols

ٗ	ُ	ِ	َ	ٓ
ulta pesh	*pesh*	*zer*	*zabar*	*madd*
उल्टा पेश	पेश	ज़ेर	ज़बर	मद

اً	ّ	ْ
tanviin	*tashdiid*	*jazm*
तनवीन	तश्दीद	जज़्म

Numbers

۰	۱	۲	۳	۴
sifar	*ek*	*do*	*teen*	*chaar*
सिफर	एक	दो	तीन	चार
۵	۶	۷	۸	۹
panch	*chhe*	*saat*	*aaTh*	*nau*
पाँच	छे	सात	आठ	नौ

Abbreviation & special symbols

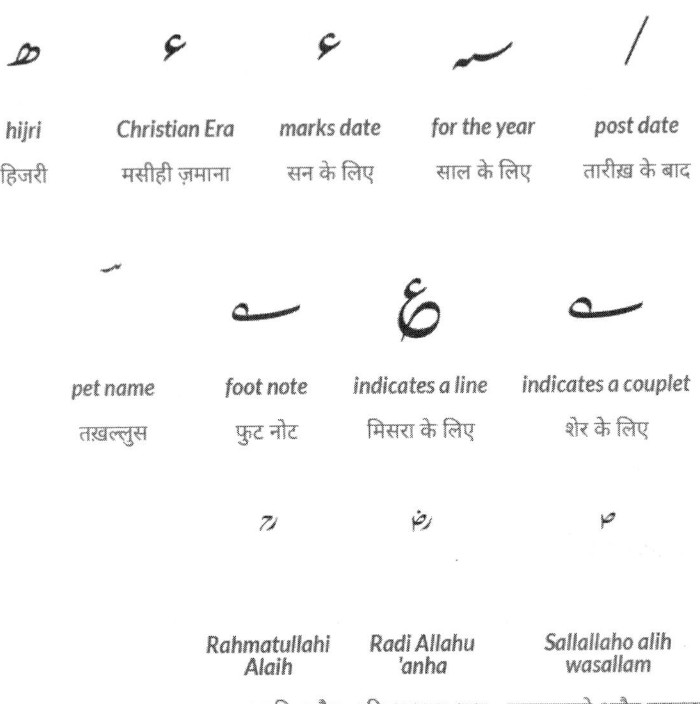

Punctuation

:	(( ))	;	,	—
colon	*inverted-comma*	*semi-colon*	*comma*	*full stop*
कोलन	इनवर्टेड-कॉमा	सेमि कोलन	कॉमा	फुल स्टॉप

( )	-	!	?	:-
brackets	*hyphen*	*exclamation*	*interrogation*	*colon-dash*
ब्रैकेट्स	हायफ़न	एक्सक्लामेशन	इंटेरोगेशन	कोलन-डैश

역자후기

본 책은 기본적으로 우르두어를 알파벳부터 배우려고 하는 자들을 위한 책이다. 서문에도 적혀 있듯 간단하고 평이한 언어로 난이도를 점차 높여 본 책을 마친 후에는 간단한 우르두어를 읽고 쓰는 것이 가능하게 하였다.

아랍어를 기반으로 해서, 페르시아어에 있는 발음이 붙고, 여기에 다시 힌디 계열의 발음을 표시하기 위해 몇 개의 문자를 더해 우르두어 알파벳은 이루어졌다.

초보자들이 직면하는 어려움을 덜어주고, 우르두어 문자가 복잡하다고 느끼는 초보자들을 위해 본서는 언어학적 원칙에 바탕을 둔 간결한 방법으로 내용을 전개하고 있다. 따라서 일반적인 독자들이라면 본 책을 마치고 나서 우르두어로 된 단어나 문장을 읽는데 어려움이 없을 것이란 생각이다.

본 책은 우르두어, 문학, 문화의 진흥을 위해 설립된 재단인 Rekhta Foundation이 우르두어 초보 학습자를 위해 개설한 온라인 사이트인 https : //aamozish.com/을 상황에 맞게 번역한 것이다. 본 책은 Rekhta Foundation의 설립자인 Mr. Sanjiv Saraf의 도움과 허락이 없었다면 빛을 보지 못했을 것이다. 2018년 7월 Rekhta 재단을 방문했을 때

만났던 그의 따스한 미소가 여전히 남아 있는 지금, 이 자리를 빌어 감사의 말 전한다. 또한 원고를 읽고 도움을 준 영산대학교 인도비즈니스학과 김윤지 양에게도 고마운 인사말 전하고 싶다.

모쪼록 이 책이 철학, 명상, 종교, 사상, 문학, 인생, 사랑 등 무궁무진한 매력을 가진 우르두어의 세계로 인도하는 디딤돌이 되었으면 하는 바람이다.

이춘호

이 춘 호

한국외국어대학교 인도어과를 졸업했다.
한국학대학원(한국정신문화연구원)에서 철학을, 국립인도박물관 부속 대학원에서 인도미술사를 공부했다.
자미아 밀리아 이슬람미아 대학에서 인도예술사로 박사학위를 취득했다.
한국외국어대학교 인도연구소 책임연구원을 거쳐 영산대학교 글로벌학부 부교수로 근무하고 있다.
역서로 『인도조각사』와 『누르자한과 제한기르』가 있으며 '무갈 초기 정원의 상징성-아크바르 시대까지-', '왕권 강화도구로써의 시각예술 -무갈 세밀화를 중심으로-' 등의 논문이 있다.

우르두어 입문

초판 인쇄 | 2019년 5월 28일
초판 발행 | 2019년 5월 28일

저　　자 산지브 사라프(Sanjiv Saraf)
역　　자 이춘호

책임편집 윤수경

발 행 처 도서출판 지식과교양
등록번호 제2010-19호
주　　소 서울시 도봉구 삼양로142길 7-6(쌍문동) 백상 102호
전　　화 (02) 900-4520 (대표) / 편집부 (02) 996-0041
팩　　스 (02) 996-0043
전자우편 kncbook@hanmail.net

ISBN 978-89-6764-142-9 93790 **정가 20,000원**

* 이 연구는 2018년 영산대학교 교내연구비의 지원을 받아 수행되었음.